Petits Classiques
LAROUSSE

Collection fondée par Félix Guirand,
Agrégé des Lettres

Vanina Vanini

Stendhal

Nouvelle

Édition présentée, annotée et commentée
par Évelyne AMON,
certifiée de lettres modernes

Direction de la collection : Carine GIRAC-MARINIER

Direction éditoriale : Jacques FLORENT

Édition : Marie-Hélène CHRISTENSEN

Lecture-correction : service lecture-correction LAROUSSE

Direction artistique : Uli MEINDL

Couverture et maquette intérieure : Serge CORTESI, Sophie RIVOIRE, Uli MEINDL

Mise en page : Monique BARNAUD, JOUVE, SARAN

Responsable de fabrication : Marlène DELBEKEN

SOMMAIRE

Avant d'aborder l'œuvre

Pour approfondir

AVANT D'ABORDER L'ŒUVRE

Fiche d'identité de l'auteur

Stendhal

Naissance : 23 janvier 1783, à Grenoble, ville détestée.

Nom : Stendhal (pseudonyme de Henri Beyle).

Famille : haute bourgeoisie, père avocat au parlement du Dauphiné.

Formation : après la mort prématurée de sa mère « adorée et regrettée[1] » (il a alors 7 ans), éduqué par Henri Gagnon, son grand-père « médecin, homme d'esprit ». Très jeune, ressent un « amour filial instinctif, forcené dans ces temps-là, pour la République[2] ». De 1803 à 1806, étudie pour « devenir un grand homme ». Participe à la campagne d'Italie avec Bonaparte et poursuit une carrière double de diplomate et d'écrivain. Passion pour l'Italie. « Original en toute chose… toujours amoureux ou croyant l'être[3] ».

Un écrivain méconnu : publie sans gloire *Naples, Rome et Florence* (récit de voyage, 1817), *Histoire de la peinture en Italie* (1817). Ne vend que dix-sept exemplaires de son essai *De l'amour* (1822). Premier roman *Armance* (1827), *Promenades dans Rome* (1829), *Vanina Vanini* (1829), *Le Rouge et le Noir* (1830). Dernier ouvrage publié de son vivant, *La Chartreuse de Parme* (1839, loué dans un article enthousiaste de Balzac en 1840) qui le fait connaître du grand public. Autobiographie *(Vie de Henry Brulard)* publiée en 1890.

Une gloire posthume : succès tardif qui vient confirmer son sentiment : « J'écris pour des amis inconnus, une poignée d'élus qui me ressemblent : les happy few. » Romantique et réaliste, se distingue par son écriture vive et précise (« J'abhorre le style contourné »), son goût pour le détail vrai, sa froide ironie, qui le font considérer aujourd'hui comme un écrivain majeur du XIXe siècle.

Une mort brutale : meurt le 23 mars 1842 d'une attaque d'apoplexie, à Paris. Sur sa tombe figure une épitaphe rédigée par lui-même : « Henri Beyle, Milanais, j'ai écrit, j'ai aimé, j'ai observé. »

---

1. Stendhal, *Notice sur M. Beyle par lui-même* (30 avril 1837).
2. Stendhal, *Vie de Henry Brulard*, 1835-1836, édition 1890.
3. Prosper Mérimée, *H.B.*, 1850.

Pour ou contre
Stendhal ?

Pour

André GIDE :

« Ce qui fait la vivacité du style de Stendhal, c'est qu'il n'attend pas que la phrase soit toute formée dans sa tête pour l'écrire. »
Journal, 1939-1942, Gallimard, 1950.

Jean PRÉVOST :

« Par des années d'exercices quotidiens, par l'art de repenser à neuf ce que d'autres ont écrit et ce qu'il a écrit lui-même, Stendhal arrive à être bref en inventant. »
La Création chez Stendhal, Mercure de France, 1951.

Jean-Pierre RICHARD :

« Parler de Stendhal c'est se condamner à l'impression que l'on n'a rien dit, qu'il vous a échappé et que tout reste à dire. Il faut alors se résigner et le rendre à son imprévisible et merveilleux jaillissement. »
Littérature et sensation, Seuil, 1954.

Contre

MÉRIMÉE :

« S'il effaçait les fautes d'une première rédaction, c'était pour en faire d'autres ; car je ne sache pas qu'il ait jamais essayé de corriger son style. Quelque raturés que fussent ses manuscrits, on peut dire qu'ils étaient toujours écrits de premier jet. »
Henri Beyle, 1850.

Érich AUERBACH :

« Il manque de souffle, il est inégal dans ses réussites, il ne parvient que rarement à prendre pleinement possession d'un sujet et à le fixer. »
« Stendhal et le réalisme moderne », in *Mimesis,* Gallimard, 1946.

Joseph FAIVRE :

« Vaniteux, égoïste, sceptique, irreligieux, et profondément dépourvu de sens moral, Stendhal n'a jamais eu les sympathies du grand public. »
Histoire de la littérature française, Gabriel Beauchesne & ses fils, 1946.

Repères chronologiques

Vie et œuvre de Stendhal	Événements politiques et culturels
1783 Naissance de Henri Beyle (23 janvier) à Grenoble, sous Louis XVI.	**1782** Rousseau, *Rêveries du promeneur solitaire ; Confessions*. Laclos, *Les Liaisons dangereuses*.
1790 Décès de sa mère. Mésentente avec son père.	**1788** Bernardin de Saint-Pierre, *Paul et Virginie*.
1792-1796 Éduqué par l'abbé Raillane, précepteur détesté.	**1789** Révolution française. Déclaration des Droits de l'homme et du citoyen (26 août).
1796 École centrale de Grenoble (établissement secondaire).	**1792** Proclamation de la Ire République.
1799 1er prix de mathématiques. Départ pour Paris.	**1793** Louis XVI guillotiné. Régime sanguinaire de la Terreur.
1800 Sous-lieutenant au 6e régiment de dragons. Deuxième campagne d'Italie. Passion pour l'Italie.	**1796-1797** Campagne victorieuse de Bonaparte en Italie.
1802 Démissionne de l'armée.	**1799** Bonaparte Premier consul.
1806 Adjoint provisoire aux commissaires des guerres.	**1802** Chateaubriand, *Génie du christianisme ; René*.
1809 Avec l'armée de Napoléon en Allemagne, Autriche, Hongrie.	**1804 (18 mai)** Napoléon Ier sacré par le pape Pie VII.
1810 Auditeur au Conseil d'État. Vie parisienne et mondaine.	**1805** Napoléon autoproclamé roi d'Italie. Victoire d'Austerlitz.
1813 Mort de son grand-père Gagnon.	**1810-1812** L'Empire français au sommet de sa puissance.
1814 S'installe à Milan. Fréquente les milieux libéraux. Nombreuses liaisons. Passion pour Métilde Dembowski.	**1812** Désastre français de la retraite de Russie.
1817 *Rome, Naples et Florence*, première œuvre signée Stendhal.	**1814** Abdication de Napoléon. Exil à l'île d'Elbe. Retour des Bourbons en France avec Louis XVIII (frère de Louis XVI).

Vie et œuvre de Stendhal	Événements politiques et culturels

Vie et œuvre de Stendhal

1821
Soupçonné de sympathies pour les révolutionnaires italiens ; quitte Milan pour Paris.

1822
De l'amour (essai). Vie mondaine.

1823
Vie de Rossini ; *Racine et Shakespeare* (pamphlet anti-classique et pro-romantique).

1827
Armance (premier roman).

1828
Arrivé à Milan le 31 décembre 1827, refoulé le lendemain par les autorités autrichiennes.

1829
Promenades dans Rome ; *Vanina Vanini*.

1830
Le Rouge et le Noir (roman).

1831-1842
Consul de France à Civitavecchia (dans les États du pape). Vie monotone. Séjours à Rome.

1832
Écrit *Souvenirs d'égotisme*.

1835
Écrit la *Vie de Henry Brulard* (autobiographie).

1839
Chroniques italiennes.
La Chartreuse de Parme (roman écrit en 52 jours).

1842
En congé à Paris, attaque d'apoplexie et décès. Il a 59 ans.
Publications posthumes : *Lamiel* (1889) ; *Vie de Henry Brulard* (1890) ; *Souvenirs d'égotisme* (1892) ; *Lucien Leuwen* (1894).

Événements politiques et culturels

1815
Napoléon : les Cent-Jours.
Défaite de Waterloo.
Louis XVIII réinstallé sur le trône.

1820
Révoltes napolitaines ; actions révolutionnaires de la *carboneria* dans les États pontificaux.
Lamartine, *Méditations poétiques*.

1821
Mort de Napoléon Ier.

1824
Mort de Louis XVIII et avènement de son frère Charles X.

1827
Hugo, *Préface de Cromwell*.

1830
27, 28, 29 juillet : « les Trois Glorieuses ». Le duc d'Orléans devient Louis-Philippe Ier, roi des Français.
Bataille d'*Hernani*.

1831
Hugo, *Notre-Dame de Paris*.

1833
Balzac, *Eugénie Grandet*.

1834
Insurrections républicaines à Paris et Lyon.
Musset, *Lorenzaccio*.

1835-1836
Balzac, *Le Père Goriot* ; *Le Lys dans la vallée*.

1837-1843
Balzac, *Illusions perdues*.

1840
Retour en France des cendres de Napoléon Ier.
Mérimée, *Colomba*.

1847
En Italie, Cavour fonde le journal révolutionnaire *Il Risorgimento*.

Fiche d'identité de l'œuvre

Vanina Vanini

Auteur : Stendhal (Henri Beyle, 46 ans).

Genre : nouvelle.

Forme : prose.

Structure : récit bref inclus dans le recueil des *Chroniques italiennes* paru en 1839.

Principaux personnages :

Vanina Vanini, princesse romaine, 19 ans, romanesque et orgueilleuse ; le prince don Asdrubale Vanini, son père, aristocrate insouciant et non-conformiste ; la comtesse Vitteleschi, amie du prince ; Pietro Missirilli, fils d'un pauvre chirurgien, carbonaro et patriote italien, amant de Vanina ; don Livio Savelli, jeune prince romain amoureux de Vanina, neveu de monsignor Savelli-Catanzara, puissant gouverneur de Rome et ministre de la police.

Sujet :

À Rome, au début du XIXᵉ siècle, Vanina, un soir de bal, apprend qu'un carbonaro s'est échappé de la prison du fort Saint-Ange. Le fuyard blessé et recherché par la police du pape s'est réfugié dans le palais de don Asdrubale. La jeune princesse et le révolutionnaire tombent amoureux mais Missirilli rentre chez lui afin de poursuivre son combat politique. Promu chef d'une « vente », il renonce à sa passion et, bien que Vanina, pour lui plaire, ait financé un complot des carbonari, il tient à distance la jeune femme. Vanina alors dénonce la conspiration aux autorités : les conjurés sont arrêtés. Condamnés à mort, ils voient leur peine commuée en quelques années de prison. Sauf Pietro dont la grâce sera négociée par Vanina auprès du ministre de la police. Lors d'une dernière rencontre, la jeune femme révèle à Pietro furieux que, par amour pour lui, elle a dénoncé les carbonari. Peu après, elle épouse don Livio Savelli.

Thèmes essentiels : la passion, le patriotisme, la révolution, la trahison.

10

Pour ou contre

Vanina Vanini ?

Pour

Giuseppe Tomasi di LAMPEDUSA :

« L'auteur a trouvé un sujet pour lui tout seul et d'une rare beauté : la jalousie d'une femme pour une idée. Et ce sujet, il a su le traiter d'une façon très incisive, nerveuse, rapide et cruelle. »

« Leçons sur Stendhal », in *Stendhal et la Sicile,* Lettres nouvelles, 1985.

Henri MARTINEAU :

« Il recherche avant tout dans ces récits sommaires ce que son grand-père Gagnon lui proposait dès son plus jeune âge comme but et comme fruit de sa constante application : la connaissance du cœur des hommes. »

Préface aux *Chroniques italiennes*, in *Stendhal, romans et nouvelles*, coll. la Pléiade, tome II , Gallimard, 1948.

Contre

Wilhelm Theodor ELWERT :

« Ce qui manque, c'est l'idéalisme, l'idéalisme patriotique, le patriotisme comme sentiment, comme espérance, comme passion. »

« Stendhal ne nous décrit que l'Italie avant le Risorgimento, l'Italie de l'époque des *carbonari*, et, disons-le franchement, une Italie assez mesquine. »

« Aspects du Risorgimento dans *Vanina Vanini* », in « Stendhal et le romantisme », Actes du XVe Congrès international stendhalien, Mayence, 1982, Éditions du Grand Chêne, 1984.

Pour mieux lire l'œuvre

✤ Au temps de Stendhal

En France : le romantisme

Stendhal est né six ans avant la Révolution française : c'est un homme du XIXe siècle entré de plain-pied dans un monde nouveau construit sur les ruines de l'Ancien Régime. Comme beaucoup de ses contemporains, il vit avec enthousiasme l'aventure napoléonienne, emporté par la vision moderne d'un empereur ambitieux et brillant. Puis il fait l'expérience de la Restauration qu'il déteste, tout en baignant dans une société définitivement bouleversée par les idées républicaines de justice et de liberté.

Cette période riche en mutations politiques coïncide avec une manière d'être différente : tandis que le XVIIIe siècle privilégiait la raison et les idées, le XIXe siècle trouve son identité dans le sentiment. Désormais, c'est le cœur qui parle. Les arts et la littérature anticipent et accompagnent le changement. À partir de Jean-Jacques Rousseau qui, avec son roman par lettres *La Nouvelle Héloïse* (1761) et ses *Confessions* (1765-1770) met à la mode l'expression personnelle, tous les créateurs de l'époque trouvent dans l'émotion une nouvelle source d'inspiration. De Chateaubriand (*René,* 1802) à Lamartine (*Méditations poétiques,* 1820), de Victor Hugo à Musset, en passant par Vigny, Gautier et bien d'autres, une école « romantique » voit le jour. Affranchie des règles d'écriture classiques, elle permet aux auteurs d'afficher leur vraie nature et de céder aux mouvements de leur sensibilité.

C'est dans ce sillon que Stendhal s'inscrira tout en se démarquant des tendances dures du romantisme. Car, par son caractère autant que par son expérience, Stendhal est différent.

En Italie : le Risorgimento

Lorsque l'on parle de Stendhal, on doit nécessairement évoquer l'Italie, ce pays tant aimé où il a vécu de nombreuses années.

L'Italie d'alors est bien différente de celle que nous connaissons aujourd'hui : comme un puzzle, elle est composée de plusieurs États indépendants subissant l'autorité de puissances conquérantes (l'Autriche, la France de Bonaparte), tandis que sur Rome règne un pape souverain. Or la Révolution française de 1789 a éveillé chez les Italiens un sentiment national : on aspire désormais à l'unité, on rêve d'un peuple rassemblé autour de valeurs communes et on exige la liberté.

Dès 1820, guidé par Giuseppe Mazzini, penseur de la révolution, et par Giuseppe Garibaldi, patriote acharné, le *risorgimento* (« la résurrection », en français) est en marche : la *carboneria*, société secrète où s'activent les *carbonari*, libérateurs de l'Italie, organise des mouvements de révolte à Naples puis à Rome contre le pape. Complots et insurrections se multiplient, mais il faudra trois guerres d'indépendance (1848, 1859, 1866) pour assurer la victoire : un État voit le jour en 1861 avec la proclamation du nouveau royaume d'Italie dont le roi est Victor-Emmanuel II, roi de Sardaigne. Rome en sera la capitale après son annexion en 1870.

Auteurs et lecteurs : le goût de la nouvelle

Pendant ce temps, en France, un large public s'enivre de fiction. C'est l'âge d'or du roman et de la nouvelle, genres littéraires qui fondent la culture populaire de l'époque avec l'aide d'une presse en plein essor ouverte aux écrivains de talent.

Mais pourquoi la nouvelle séduit-elle ainsi ? Parce que ce genre bref qui s'inscrit dans la tradition ancienne des courts récits du Moyen Âge (fabliaux, lais) et de la Renaissance italienne (*Le Décaméron*, recueil de cent nouvelles, Boccace, 1349-1351), convient à la société pressée du XIXe siècle. Centrée sur un événement dramatique avec un nombre limité de personnages, la nouvelle propose une intrigue resserrée autour d'un destin ou d'un problème de société. Elle nourrit aussi bien l'imagination que la réflexion d'un lecteur avide d'émotions fortes mais aussi engagé dans les grands débats de son

Pour mieux lire l'œuvre

temps. Ainsi, la nouvelle *Claude Gueux* de Victor Hugo (1834), qui raconte l'histoire d'un repris de justice, se pose en plaidoyer contre la peine de mort ; *Carmen* de Mérimée (1845) évoque la passion fatale d'un jeune brigadier pour une bohémienne.

Entraînés dans ce courant, la plupart des grands auteurs du XIXe siècle tenteront l'aventure du récit bref (Balzac, Musset, Flaubert, Zola...). Parmi eux, deux figures s'imposeront comme les maîtres du genre : Prosper Mérimée, grand ami de Stendhal, et Guy de Maupassant, auteur de 300 nouvelles.

Stendhal, un écrivain amoureux de l'Italie

Henri Beyle, qui rêvait dans sa jeunesse de « vivre en faisant des livres et des comédies », aura connu l'Italie à travers une carrière militaire et diplomatique qui le conduira notamment à Milan et à Rome. Soldat de Bonaparte pendant la deuxième campagne d'Italie (1800), puis consul de France dans les États pontificaux (de 1831 à 1842) sous Louis-Philippe, il baigne dans une Italie à la fois réelle et rêvée.

De l'Italie, cet homme ardent admire la musique et la peinture ; il adore aussi « le naturel dans les manières... la bonhomie... le grand art d'être heureux[1]. » ; enfin, il affectionne le tempérament chaleureux d'un peuple passionné et excessif auquel il s'identifie. Observateur attentif, il trouve dans l'Italie matière à construire une œuvre singulière, marquée à la fois par ses passions (l'opéra, les textes anciens), sa pratique politique (il côtoie des gens de pouvoir) et ses aventures amoureuses avec des femmes idéalisées (Angela Pietragua, Matilde Dembowski dite Métilde, Giulia Rinieri).

Ses premières œuvres voient le jour dans l'indifférence générale : une *Histoire de la peinture en Italie* (1817), ouvrage d'érudition, *Rome, Naples et Florence* (1817, premier livre signé Stendhal), *Vie de Rossini* (à la gloire de l'opéra italien, 1823), *Promenades dans Rome*

---

1. Stendhal, *Rome, Naples et Florence,* 1817.

(récit de voyage, 1829). Et *Vanina Vanini*, une nouvelle qui sera incluse, plus tard, dans les *Chroniques italiennes*.

Vanina Vanini : premiers pas de Stendhal dans la fiction

Avant d'écrire ses grands romans, Stendhal s'essaie à la fiction avec *Armance*, un roman publié en 1822, sans nom d'auteur. Puis il écrit des récits brefs dont il emprunte les sujets à des faits divers contemporains ou à des chroniques anciennes qui rapportent des événements authentiques inscrits sur des documents officiels. C'est d'abord *Vanina Vanini*, une histoire d'amour et de trahison dont certains disent que le sujet lui fut donné par un procès de carbonari dans les États du pape.

Considérant que désormais « l'Angleterre, l'Allemagne et la France sont trop gangrenées d'affectations et de vanité de tous les genres pour pouvoir, de longtemps, fournir des lumières aussi vives sur les profondeurs du cœur humain[1] », Stendhal, curieux de « ce qui peint le cœur des hommes », trouve dans l'Italie agitée du XIXe siècle autant que dans les archives d'un pays riche en histoires tragiques une matière de première qualité. De ce point de vue, *Vanina Vanini* (1829), qui met en scène l'Italie de son cœur, est une œuvre représentative : elle contient déjà, en germe, les éléments essentiels des romans à venir. On y trouve des thèmes dominants (la passion absolue, la chasse au bonheur), des personnages emblématiques (Vanina, héroïne impérieuse et libre annonçant Mathilde de La Mole dans *Le Rouge et le Noir* ; le prince don Asdrubale, première version du marquis de La Mole), des motifs constants (la prison) et des situations dramatiques qui feront référence (l'évasion).

En outre, c'est ici que se forme l'écriture narrative de Stendhal, avec ses intrusions d'auteur, ses monologues intérieurs, sa prédilection pour le point de vue interne, sa phrase pleine de vivacité. Voilà pourquoi *Vanina Vanini*, passé inaperçu du public au moment de

---

1. Stendhal, préface aux *Chroniques italiennes*.

Pour mieux lire l'œuvre

sa publication, intéressera tant la critique bien des années après sa parution. Mais c'est son inclusion dans les *Chroniques italiennes* qui assurera sa gloire littéraire.

Les *Chroniques italiennes*

« Historiettes romaines », les *Chroniques italiennes* révèlent d'abord la curiosité de Stendhal : consul à Civitavecchia où il s'ennuie à mourir, l'écrivain-diplomate explore les trésors des bouquinistes et passe des heures à lire les archives de vieilles familles romaines. Dès 1833, il projette une œuvre : « J'ai mis mes économies à acheter le droit de faire des copies dans les archives gardées ici [...] je traduirai cela fidèlement[1] ».

Mais quel intérêt pour un écrivain de traduire les textes écrits par d'autres ? À vrai dire, la fraîcheur de ces récits où s'exprime une Renaissance italienne aventureuse et passionnée enthousiasme Stendhal : « anecdotes parfaitement vraies, écrites par les contemporains en demi-jargon », « la naïveté est extrême, c'est l'essentiel », « J'aime le style de ces histoires ; c'est celui du peuple ».

Pourtant, le traducteur laisse bien vite place à l'écrivain. Dans un premier temps, Stendhal lit et copie les manuscrits en les annotant de réflexions diverses. Mais quand vient le moment de mettre les textes en français, le créateur se révèle. S'écartant du texte d'origine, il transforme, adapte chaque ligne selon sa vision de l'Italie et dans son propre style. C'est à un véritable travail de réécriture qu'il se livre. Emporté par son imagination, il reformule les chroniques, faisant ainsi entrer la fiction dans l'Histoire. Pour finir, sur les quatorze volumes de chroniques désormais en sa possession, il sélectionne quatre récits qui seront publiés dans la *Revue des Deux Mondes* : *Vittoria Accoramboni et Les Cenci* (1837), *La Duchesse de Palliano* (1838), *L'Abbesse de Castro* (1839).

---

1. Stendal, lettre à Sainte-Beuve (21 décembre 1834).

Trois de ces récits seront publiés en un volume signé Stendhal dès 1839, la même année que *La Chartreuse de Parme*, roman « italien » qui sortira l'écrivain de son anonymat. Mais c'est en 1855, après la mort de Stendhal, quand la critique littéraire commencera à reconnaître le talent exceptionnel de cet écrivain singulier, que paraîtra le volume désormais connu sous le titre de *Chroniques italiennes*. Les éditions modernes de l'ouvrage incluent d'autres récits brefs : *San Francesco a ripa, Trop de faveur tue, Suora Scolastica* et… *Vanina Vanini*.

L'essentiel

Marqué par la sensibilité romantique qui baigne la période napoléonienne, Stendhal, soldat de Bonaparte puis diplomate, vit une partie de sa vie en Italie, le pays de son cœur. C'est là qu'il trouve l'essentiel de son inspiration. Alors que s'affirme le goût du public pour le genre de la nouvelle, il écrit *Vanina Vanini*, bref récit fondateur qui trouvera plus tard sa place dans le recueil d'« historiettes » intitulé *Chroniques italiennes*.

✣ L'œuvre aujourd'hui :

Un petit chef-d'œuvre romanesque

Vanina Vanini transporte le lecteur dans une Italie en pleine effervescence. Associant palais et prisons, princes et carbonari comme autant de signes révélateurs d'un monde en mutation, Stendhal met en scène une noblesse paisible en apparence mais menacée en son sein même par une activité révolutionnaire de plus en plus visible. À travers le personnage de Vanina, si libre et si politiquement incorrect, il suggère que l'ordre ancien est miné de l'intérieur tandis que les actions du héros Pietro Missirilli nous invitent à une réflexion approfondie sur le patriotisme et la révolution.

Mais la nouvelle raconte aussi une histoire d'amour qui fait vibrer le lecteur au rythme des hésitations de Pietro et des folles initiatives de Vanina pour s'attacher un amant devenu indifférent. Quant à la trahison de l'héroïne, elle oriente le drame vers la tragédie, donnant à l'action une densité particulière. En effet, nul salut possible pour Vanina : une fois son « crime » avoué, la jeune aristocrate perd définitivement le grand amour de sa vie. Son mariage précipité avec don Savelli, un prince romain, signe l'échec de sa passion, tandis que la sécheresse du dénouement donne une résonance cruelle au récit.

Couleur locale et dépaysement, péripéties fougueuses où s'amalgament étroitement amour et politique, personnages insoumis : telle est la formule romanesque qui fait la singularité de *Vanina Vanini*.

Une nouvelle exemplaire

Vanina Vanini offre un échantillon représentatif de l'art de la nouvelle. Bref mais dense, le récit alterne des scènes bien développées (le bal où se déploie la splendeur de l'aristocratie romaine, le tête-à-tête de Vanina et du ministre de la police, l'aveu de la princesse à Pietro...) avec des résumés et des ellipses qui en accélèrent le rythme. Loin d'être esquissés, les personnages existent fortement. Les portraits sont brossés en quelques traits significatifs, mais c'est surtout à travers des dialogues particulièrement soignés que se révèlent les caractères : orgueil et énergie chez Vanina, détermination et idéalisme chez Pietro, candeur chez don Savelli, puissance intellectuelle chez le ministre de la police. L'unité d'action est bien respectée car toute l'intrigue tourne autour de la problématique amour-patriotisme avec des moments forts comme la rencontre amoureuse, le détachement du héros, l'ardent combat de l'héroïne pour récupérer l'amant.

Nouvelle exemplaire, *Vanina Vanini* s'inscrit parmi les meilleurs titres du genre avec les grands chefs-d'œuvre de Mérimée *(Carmen, Colomba, La Vénus d'Ille)*, de Victor Hugo *(Claude Gueux)*, et de Maupassant, l'écrivain aux 300 récits brefs.

Une œuvre représentative de Stendhal

Vanina Vanini est, à lui seul, un concentré de toute l'œuvre de Stendhal. Le couple Vanina-Pietro entre dans la famille des autres couples célèbres créés par l'écrivain : Julien Sorel et Mme de Rênal, Julien Sorel et Mathilde de La Mole dans *Le Rouge et le Noir* ; Fabrice del Dongo et Clélia Conti dans *La Chartreuse de Parme*, pour ne parler que des plus célèbres. Chez tous ces personnages on retrouve le même enthousiame, le dépassement de soi, la volonté d'être heureux et le désir de s'accomplir, quel que soit le prix à payer. Ce court récit révèle aussi le style très moderne de Stendhal qui décrit et raconte avec une vivacité pleine de naturel, aussi loin des conventions académiques que des grandes envolées lyriques. Enfin, c'est participer à la reconnaissance d'un auteur qui, ignoré de son vivant, savait écrire avec une réelle avance sur son temps. C'est aussi avoir la fierté de faire partie des « happy few », terme par lequel Stendhal désignait ses rares lecteurs pour leur dire qu'ils étaient des aristocrates de l'esprit.

L'essentiel

Petit chef-d'œuvre romanesque, *Vanina Vanini*, où s'amalgament amour et politique, reste absolument moderne et parle à la sensibilité du lecteur contemporain. Nouvelle exemplaire, ce récit bref révèle l'univers imaginaire de Stendhal ainsi que son style plein de naturel.

Vanina Vanini

ou Particularités
sur la dernière vente[1] de carbonari[2]
découverte dans
les États du pape[3]

Stendhal

nouvelle

---

1. **Vente :** réunion de carbonari ; section d'une société secrète ainsi nommée parce que les conjurés prétendaient être des charbonniers occupés à une vente de charbon.
2. **Carbonari :** on appelait « carbonaro » le membre d'une société secrète d'Italie qui travaillait au triomphe des idées révolutionnaires.
3. **Les États du pape :** nom donné à la partie centrale de l'Italie tant qu'elle fut sous le gouvernement des papes (756-1870).

C'était un soir du printemps de 182*. Tout Rome était en mouvement : M. le duc de B***, ce fameux banquier, donnait un bal dans son nouveau palais de la place de Venise. Tout ce que les arts de l'Italie, tout ce que le luxe de Paris et de Londres peuvent produire
5 de plus magnifique avait été réuni pour l'embellissement de ce palais. Le concours[1] était immense. Les beautés blondes et réservées de la noble Angleterre avaient brigué[2] l'honneur d'assister à ce bal ; elles arrivaient en foule. Les plus belles femmes de Rome leur disputaient le prix de la beauté[3]. Une jeune fille que l'éclat
10 de ses yeux et ses cheveux d'ébène[4] proclamaient Romaine[5] entra conduite par son père ; tous les regards la suivirent. Un orgueil singulier éclatait dans chacun de ses mouvements.

On voyait les étrangers qui entraient frappés de la magnificence de ce bal. « Les fêtes d'aucun des rois de l'Europe, disaient-ils, n'ap-
15 prochent point de ceci. »

Les rois n'ont pas un palais d'architecture romaine : ils sont obligés d'inviter les grandes dames de leur cour ; M. le duc de B*** ne prie que[6] de jolies femmes. Ce soir-là il avait été heureux[7] dans ses invitations ; les hommes semblaient éblouis. Parmi tant de femmes
20 remarquables il fut question de décider quelle était la plus belle : le choix resta quelque temps indécis ; mais enfin la princesse Vanina Vanini, cette jeune fille aux cheveux noirs et à l'œil de feu, fut proclamée la reine du bal. Aussitôt les étrangers et les jeunes Romains, abandonnant tous les autres salons, firent foule dans
25 celui où elle était.

Son père, le prince don Asdrubale Vanini, avait voulu qu'elle dansât d'abord avec deux ou trois souverains d'Allemagne. Elle

---

1. **Concours :** assistance.
2. **Brigué :** du verbe « briguer », rechercher avec ardeur un honneur, une faveur.
3. **Leur disputaient le prix de la beauté :** rivalisaient de beauté.
4. **Ébène :** très noir, comme le bois du même nom.
5. **Proclamaient Romaine :** les cheveux noirs caractérisent les habitants de Rome.
6. **Ne prie que :** n'invite que.
7. **Heureux :** adroit, habile.

accepta ensuite les invitations de quelques Anglais fort beaux et fort nobles ; leur air empesé[1] l'ennuya. Elle parut prendre plus de plaisir à tourmenter le jeune Livio Savelli qui semblait fort amoureux. C'était le jeune homme le plus brillant de Rome, et de plus lui aussi était prince ; mais si on lui eût donné à lire un roman, il eût jeté le volume au bout de vingt pages, disant qu'il lui donnait mal à la tête. C'était un désavantage aux yeux de Vanina.

Vers minuit une nouvelle se répandit dans le bal, et fit assez[2] d'effet. Un jeune carbonaro, détenu au fort Saint-Ange[3], venait de se sauver le soir même, à l'aide d'un déguisement, et, par un excès d'audace romanesque, arrivé au dernier corps de garde de la prison, il avait attaqué les soldats avec un poignard ; mais il avait été blessé lui-même, les sbires[4] le suivaient dans les rues à la trace de son sang, et on espérait le revoir.

Comme on racontait cette anecdote, don Livio Savelli, ébloui des grâces et des succès de Vanina, avec laquelle il venait de danser, lui disait en la reconduisant à sa place, et presque fou d'amour :

– Mais, de grâce, qui donc pourrait vous plaire ?

– Ce jeune carbonaro qui vient de s'échapper, lui répondit Vanina ; au moins celui-là a fait quelque chose de plus que de se donner la peine de naître[5].

Le prince don Asdrubale s'approcha de sa fille. C'est un homme riche qui depuis vingt ans n'a pas compté avec son intendant[6], lequel lui prête ses propres revenus à un intérêt fort élevé. Si vous le rencontrez dans la rue, vous le prendrez pour un vieux comédien ; vous ne remarquerez pas que ses mains sont chargées de cinq ou six bagues énormes garnies de diamants fort gros. Ses deux fils se sont faits jésuites[7], et ensuite sont mort fous. Il les a

---

1. **Leur air empesé :** leur raideur.
2. **Assez :** beaucoup.
3. **Fort Saint-Ange :** ou château Saint-Ange ; à Rome, monument situé non loin de Vatican. Il servait alors de prison politique à la papauté.
4. **Sbires :** officiers de police, à Rome.
5. **Se donner la peine de naître :** avoir, dès la naissance, des avantages ou des privilèges.
6. **N'a pas compté avec son intendant :** a laissé les mains libres à son régisseur pour s'occuper de ses affaires et gérer ses propriétés.
7. **Jésuites :** ordre religieux qui porte aussi le nom de Société (ou Compagnie) de Jésus.

oubliés ; mais il est fâché que sa fille unique, Vanina, ne veuille pas se marier. Elle a déjà dix-neuf ans[1], et a refusé les partis[2] les plus brillants. Quelle est sa raison ? la même que celle de Sylla pour abdiquer, son mépris pour les Romains[3].

60   Le lendemain du bal, Vanina remarqua que son père, le plus négligent des hommes, et qui de la vie ne s'était donné la peine de prendre une clef, fermait avec beaucoup d'attention la porte d'un petit escalier qui conduisait à un appartement situé au troisième étage du palais. Cet appartement avait des fenêtres sur une
65 terrasse garnie d'orangers. Vanina alla faire quelques visites dans Rome ; au retour, la grande porte du palais étant embarrassée par les préparatifs d'une illumination, la voiture rentra par les cours de derrière. Vanina leva les yeux, et vit avec étonnement qu'une des fenêtres de l'appartement que son père avait fermé avec tant
70 de soin était ouverte. Elle se débarrassa de sa dame de compagnie, monta dans les combles[4] du palais, et, à force de chercher, parvint à trouver une petite fenêtre grillée[5] qui donnait sur la terrasse garnie d'orangers. La fenêtre ouverte qu'elle avait remarquée était à deux pas d'elle. Sans doute cette chambre était habitée ; mais par
75 qui ? Le lendemain Vanina parvint à se procurer la clef d'une petite porte qui ouvrait sur la terrasse garnie d'orangers.

    Elle s'approcha à pas de loup de la fenêtre qui était encore ouverte. Une persienne[6] servit à la cacher. Au fond de la chambre il y avait un lit et quelqu'un dans ce lit. Son premier mouvement fut de se retirer ;
80 mais elle aperçut une robe de femme jetée sur la chaise. En regardant mieux la personne qui était au lit, elle vit qu'elle était blonde, et apparemment fort jeune. Elle ne douta plus que ce ne fût une femme. La robe jetée sur une chaise était ensanglantée ; il y avait aussi du sang

---

1. **Elle a déjà dix-neuf ans :** à l'époque, c'est un âge déjà très avancé, notamment pour se marier.
2. **Les partis :** les hommes à marier, considérés à partir de leur position sociale et de leur fortune.
3. **Sylla :** général et homme d'État romain (138-78 av. J.-C.). Il renonça brusquement à tous ses pouvoirs en 79 av. J.-C.
4. **Combles :** partie d'un logement située sous les toits.
5. **Grillée :** grillagée.
6. **Persiennes :** sortes de volets à lames ajourées qui tamisent les rayons du soleil tout en laissant l'air circuler.

sur des souliers de femme placés sur une table. L'inconnue fit un mouvement ; Vanina s'aperçut qu'elle était blessée. Un grand linge taché de sang couvrait sa poitrine ; ce linge n'était fixé que par des rubans ; ce n'était pas la main d'un chirurgien qui l'avait placé ainsi. Vanina remarqua que chaque jour, vers les quatre heures, son père s'enfermait dans son appartement, et ensuite allait vers l'inconnue ; il redescendait bientôt, et montait en voiture pour aller chez la comtesse Vitteleschi. Dès qu'il était sorti, Vanina montait à la petite terrasse, d'où elle pouvait apercevoir l'inconnue. Sa sensibilité était vivement excitée en faveur de cette jeune femme si malheureuse ; elle cherchait à deviner son aventure. La robe ensanglantée jetée sur une chaise paraissait avoir été percée de coups de poignard. Vanina pouvait compter les déchirures. Un jour elle vit l'inconnue plus distinctement : ses yeux bleus étaient fixés dans le ciel ; elle semblait prier. Bientôt des larmes remplirent ses beaux yeux : la jeune princesse eut bien de la peine à ne pas lui parler. Le lendemain Vanina osa se cacher sur la petite terrasse avant l'arrivée de son père. Elle vit don Asdrubale entrer chez l'inconnue ; il portait un petit panier où étaient des provisions. Le prince avait l'air inquiet, et ne dit pas grand-chose. Il parlait si bas que, quoique la porte-fenêtre fût ouverte, Vanina ne put entendre ses paroles. Il partit aussitôt.

« Il faut que cette pauvre femme ait des ennemis bien terribles, se dit Vanina, pour que mon père, d'un caractère si insouciant, n'ose se confier à personne et se donne la peine de monter cent vingt marches chaque jour. »

Un soir, comme Vanina avançait doucement la tête vers la croisée[1] de l'inconnue, elle rencontra ses yeux, et tout fut découvert. Vanina se jeta à genoux, et s'écria :

– Je vous aime, je vous suis dévouée.

L'inconnue lui fit signe d'entrer.

– Que je vous dois d'excuses, s'écria Vanina, et que ma sotte curiosité doit vous sembler offensante ! Je vous jure le secret, et, si vous l'exigez, jamais je ne reviendrai.

– Qui pourrait ne pas trouver du bonheur à vous voir ? dit l'inconnue. Habitez-vous ce palais ?

---

1. **Croisée :** fenêtre.

– Sans doute[1], répondit Vanina. Mais je vois que vous ne me connaissez pas : je suis Vanina, fille de don Asdrubale.

120 L'inconnue la regarda d'un air étonné, rougit beaucoup, puis ajouta :

– Daignez me faire espérer que vous viendrez me voir tous les jours ; mais je désirerais que le prince ne sût[2] pas vos visites.

Le cœur de Vanina battait avec force ; les manières de l'inconnue lui semblaient remplies de distinction. Cette pauvre jeune femme 125 avait sans doute offensé quelque homme puissant ; peut-être dans un moment de jalousie avait-elle tué son amant ? Vanina ne pouvait voir une cause vulgaire[3] à son malheur. L'inconnue lui dit qu'elle avait reçu une blessure dans l'épaule, qui avait pénétré jusqu'à la poitrine et la faisait beaucoup souffrir. Souvent elle se 130 trouvait la bouche pleine de sang.

– Et vous n'avez pas de chirurgien ! s'écria Vanina.

– Vous savez qu'à Rome, dit l'inconnue, les chirurgiens doivent à la police un rapport exact de toutes les blessures qu'ils soignent. Le prince daigne lui-même serrer[4] mes blessures avec le linge que vous voyez.

135 L'inconnue évitait avec une grâce parfaite de s'apitoyer sur son accident ; Vanina l'aimait à la folie. Une chose pourtant étonna beaucoup la jeune princesse, c'est qu'au milieu d'une conversation assurément fort sérieuse l'inconnue eut beaucoup de peine à supprimer une envie subite de rire.

140 – Je serais heureuse, lui dit Vanina, de savoir votre nom.

– On m'appelle Clémentine.

– Eh bien, chère Clémentine, demain à cinq heures je viendrai vous voir.

Le lendemain Vanina trouva sa nouvelle amie fort mal.

145 – Je veux vous amener un chirurgien, dit Vanina en l'embrassant.

– J'aimerais mieux mourir, dit l'inconnue. Voudrais-je compromettre mes bienfaiteurs ?

– Le chirurgien de monsignor Savelli-Catanzara, le gouverneur de Rome, est fils d'un de nos domestiques, reprit vivement Vanina ;

---

1. **Sans doute :** absolument.
2. **Sût :** verbe « savoir », à l'imparfait du subjonctif.
3. **Vulgaire :** ordinaire.
4. **Serrer :** panser.

il nous est dévoué, et par sa position ne craint personne. Mon père ne rend pas justice à sa fidélité[1] ; je vais le faire demander.

– Je ne veux pas de chirurgien, s'écria l'inconnue avec une vivacité qui surprit Vanina. Venez me voir, et si Dieu doit m'appeler à lui, je mourrai heureuse dans vos bras.

Le lendemain, l'inconnue était plus mal.

– Si vous m'aimez, dit Vanina en la quittant, vous verrez un chirurgien.

– S'il vient, mon bonheur s'évanouit.

– Je vais l'envoyer chercher, reprit Vanina.

Sans rien dire, l'inconnue la retint, et prit sa main qu'elle couvrit de baisers. Il y eut un long silence, l'inconnue avait les larmes aux yeux. Enfin, elle quitta la main de Vanina, et de l'air dont elle serait allée à la mort, lui dit :

– J'ai un aveu à vous faire. Avant-hier, j'ai menti en disant que je m'appelais Clémentine ; je suis un malheureux carbonaro...

Vanina étonnée recula sa chaise et bientôt se leva.

– Je sens, continua le carbonaro, que cet aveu va me faire perdre le seul bien qui m'attache à la vie ; mais il est indigne de moi de vous tromper. Je m'appelle Pietro Missirilli ; j'ai dix-neuf ans ; mon père est un pauvre chirurgien de Saint-Angelo-in-Vado, moi je suis carbonaro. On a surpris notre vente ; j'ai été amené, enchaîné, de la Romagne[2] à Rome. Plongé dans un cachot éclairé jour et nuit par une lampe, j'y ai passé treize mois. Une âme charitable a eu l'idée de me faire sauver. On m'a habillé en femme. Comme je sortais de prison et passais devant les gardes de la dernière porte, l'un d'eux a maudit les carbonari ; je lui ai donné un soufflet[3]. Je vous assure que ce ne fut pas une vaine bravade[4], mais tout simplement une distraction. Poursuivi dans la nuit dans les rues de Rome après cette imprudence, blessé à coups de baïonnette[5], perdant déjà mes forces, je monte dans une maison dont la porte était

---

1. **Ne rend pas justice à sa fidélité :** ne lui donne pas l'occasion de montrer sa loyauté, sa fidélité.
2. **Romagne :** région d'Italie du Nord. Avant l'unité italienne, la Romagne appartenait aux États du pape.
3. **Soufflet :** gifle.
4. **Bravade :** provocation, défi insolent.
5. **Baïonnette :** lame effilée qui s'ajoute au bout du fusil.

ouverte ; j'entends les soldats qui montent après moi, je saute dans un jardin ; je tombe à quelques pas d'une femme qui se promenait.

– La comtesse Vitteleschi ! l'amie de mon père, dit Vanina.

– Quoi ! vous l'a-t-elle dit ? s'écria Missirilli. Quoi qu'il en soit, cette dame, dont le nom ne doit jamais être prononcé, me sauva la vie. Comme les soldats entraient chez elle pour me saisir, votre père m'en faisait sortir dans sa voiture. Je me sens fort mal : depuis quelques jours ce coup de baïonnette dans l'épaule m'empêche de respirer. Je vais mourir, et désespéré, puisque je ne vous verrai plus.

Vanina avait écouté avec impatience ; elle sortit rapidement : Missirilli ne trouva nulle pitié dans ces yeux si beaux, mais seulement l'expression d'un caractère altier[1] que l'on vient de blesser.

À la nuit, un chirurgien parut ; il était seul, Missirilli fut au désespoir ; il craignait de ne revoir jamais Vanina. Il fit des questions au chirurgien, qui le saigna[2] et ne lui répondit pas. Même silence les jours suivants. Les yeux de Pietro ne quittaient pas la fenêtre de la terrasse par laquelle Vanina avait coutume d'entrer ; il était fort malheureux. Une fois, vers minuit, il crut apercevoir quelqu'un dans l'ombre sur la terrasse : était-ce Vanina ?

Vanina venait toutes les nuits coller sa joue contre les vitres de la fenêtre du jeune carbonaro.

« Si je lui parle, se disait-elle, je suis perdue ! Non, jamais je ne dois le revoir ! »

Cette résolution arrêtée, elle se rappelait, malgré elle, l'amitié[3] qu'elle avait prise pour ce jeune homme, quand si sottement elle le croyait une femme. Après une intimité si douce, il fallait donc l'oublier ! Dans ses moments les plus raisonnables, Vanina était effrayée du changement qui avait lieu dans ses idées. Depuis que Missirilli s'était nommé, toutes les choses auxquelles elle avait l'habitude de penser s'étaient comme recouvertes d'un voile, et ne paraissaient plus que dans l'éloignement.

Une semaine ne s'était pas écoulée, que Vanina, pâle et tremblante, entra dans la chambre du jeune carbonaro avec le chirur-

---

1. **Altier :** orgueilleux et sûr de sa supériorité.
2. **Le saigna :** « saigner » signifie tirer du sang en ouvrant une veine. Les médecins saignaient les malades pour améliorer leur condition.
3. **Amitié :** tendre affection.

gien. Elle venait de lui dire qu'il fallait engager le prince à se faire remplacer par un domestique. Elle ne resta pas dix secondes ; mais quelques jours après elle revint encore avec le chirurgien, par humanité. Un soir, quoique Missirilli fût bien mieux, et que Vanina n'eût plus le prétexte de craindre pour sa vie, elle osa venir seule. En la voyant, Missirilli fut au comble du bonheur, mais il songea à cacher son amour ; avant tout, il ne voulait pas s'écarter de la dignité convenable à un homme. Vanina, qui était entrée chez lui le front couvert de rougeur, et craignant des propos d'amour, fut déconcertée de l'amitié noble et dévouée, mais fort peu tendre, avec laquelle il la reçut. Elle partit sans qu'il essayât de la retenir.

Quelques jours après, lorsqu'elle revint, même conduite, mêmes assurances de dévouement respectueux et de reconnaissance éternelle. Bien loin d'être occupée à mettre un frein aux transports[1] du jeune carbonaro, Vanina se demanda si elle aimait seule[2]. Cette jeune fille, jusque-là si fière, sentit amèrement toute l'étendue de sa folie. Elle affecta de la gaieté[3] et même de la froideur, vint moins souvent, mais ne put prendre sur elle de cesser de voir le jeune malade.

Missirilli, brûlant d'amour, mais songeant à sa naissance obscure et à ce qu'il se devait, s'était promis de ne descendre à parler d'amour que si Vanina restait huit jours sans le voir. L'orgueil de la jeune princesse combattit pied à pied[4]. « Eh bien ! se dit-elle enfin, si je le vois, c'est pour moi, c'est pour me faire plaisir, et jamais je ne lui avouerai l'intérêt qu'il m'inspire. » Elle faisait de longues visites à Missirilli, qui lui parlait comme il eût pu faire si vingt personnes eussent été présentes. Un soir, après avoir passé la journée à le détester et à se bien promettre d'être avec lui encore plus froide et plus sévère qu'à l'ordinaire, elle lui dit qu'elle l'aimait. Bientôt elle n'eut plus rien à lui refuser.

---

1. **Transports :** témoignages ardents de passion.
2. **Si elle aimait seule :** si elle seule était amoureuse.
3. **Affecta de la gaieté :** fit semblant d'être gaie.
4. **Pied à pied :** avec acharnement.

Clefs d'analyse

Action et personnages

1. Quels traits opposent Vanina Vanini à Livio Savelli tels que ces deux personnages sont dépeints dans la scène du bal ?

2. Quelle nouvelle circule parmi les invités le soir du bal ? Analysez l'effet de contraste entre cet événement et les festivités. Commentez la réaction de Vanina.

3. Quelles anomalies observe Vanina dans la conduite de son père ? Que découvre-t-elle finalement ?

4. Dans quel état se trouve la jeune femme réfugiée dans les combles du palais ? Relevez les traits de réalisme.

5. Quels sentiments éveille en Vanina la présence de cette personne ?

6. Sur quels mensonges et cachotteries s'établit la relation entre Vanina et Clémentine ?

7. Pourquoi Missirilli révèle-t-il finalement sa véritable identité ? Dans les jours qui suivent l'aveu, que fait Vanina ? Qu'éprouve-t-elle ? Expliquez la phrase : « Si je lui parle [...] je suis perdue » (l. 201).

Langue

1. Le portrait de don Asdrubale (l. 49-59) : quelle est la valeur du présent ? À qui s'adresse le narrateur à travers le pronom « vous » ? Essayez de justifier ces deux choix d'écriture.

2. Trouvez, dans la suite du récit, le même emploi du présent : qui parle ? À qui ? Analysez l'effet produit par cet emploi.

3. Comment doit-on comprendre la phrase : « Bientôt elle n'eut plus rien à lui refuser » (l. 241) ?

Genre ou thème

1. « Au moins, celui-là a fait quelque chose de plus que de se donner la peine de naître » (l. 47-48) : que veut dire Vanina ? Quel regard semble-t-elle porter sur sa propre classe sociale ?

Clefs d'analyse

Du début à
« **Bientôt elle n'eut plus rien à lui refuser** ».

2. D'après le récit de Missirili, comment sont traités les carbonari dans les États du pape ? Qu'apprenons-nous sur la situation politique de l'époque en Italie ?
3. Quelles contradictions agitent les deux héros amoureux ? Que craignent-ils l'un et l'autre ? Finalement, qui, de Pietro ou de Vanina, avoue sa passion en premier ?

Écriture

1. En vous servant du récit que fait Pietro de son évasion du fort Saint-Ange, racontez sur un registre dramatique la fuite du jeune carbonaro.
2. Comment expliquez-vous que des aristocrates tels que don Asdrubale, la comtesse Vitteleschi et Vanina portent secours à un révolutionnaire ? Exposez votre point de vue dans un paragraphe bien argumenté.
3. La passion des deux héros vous semble-t-elle romantique ? Pour quelles raisons ?

Pour aller plus loin

1. Lisez, dans le Livre second (chap. XXII) de *La Chartreuse de Parme* (Stendhal, 1839), le récit de l'évasion spectaculaire du héros Fabrice del Dongo, enfermé à la tour Farnèse.

> ## ✳ À retenir
>
> La rencontre de Vanina Vanini et de Pietro Missirilli est teintée de romantisme : précédée d'une scène dramatique dans laquelle un soir de bal les invités apprennent l'évasion rocambolesque d'un jeune révolutionnaire, elle met face à face un rebelle issu du peuple et une princesse dominatrice que tout sépare. La passion qui naît entre les deux héros est encouragée par des circonstances extraordinaires : le fuyard blessé trouve protection parmi les privilégiés qu'il combat.

Si sa folie fut grande, il faut avouer que Vanina fut parfaitement heureuse. Missirilli ne songea plus à ce qu'il croyait devoir à sa dignité d'homme ; il aima comme on aime pour la première fois à dix-neuf ans et en Italie. Il eut tous les scrupules[1] de l'amour-passion, jusqu'au point d'avouer à cette jeune princesse si fière la politique dont il avait fait usage pour s'en faire aimer. Il était étonné de l'excès de son bonheur. Quatre mois passèrent bien vite. Un jour, le chirurgien rendit la liberté à son malade. « Que vais-je faire ? pensa Missirilli ; rester caché chez une des plus belles personnes de Rome ? Et les vils[2] tyrans qui m'ont tenu treize mois en prison sans me laisser voir la lumière du jour croiront m'avoir découragé ! Italie, tu es vraiment malheureuse, si tes enfants t'abandonnent pour si peu ! »

Vanina ne doutait pas que le plus grand bonheur de Pietro[3] ne fût de lui rester attaché ; il semblait trop heureux ; mais un mot du général Bonaparte[4] retentissait amèrement dans l'âme de ce jeune homme et influençait toute sa conduite à l'égard des femmes. En 1796, comme le général Bonaparte quittait Brescia[5], les municipaux[6] qui l'accompagnaient à la porte de la ville[7] lui disaient que les Bressans[8] aimaient la liberté par-dessus tous les autres Italiens. « Oui, dit-il, ils aiment à en parler à leurs maîtresses. »

Missirilli dit à Vanina d'un air assez contraint[9] :

---

1. **Scrupules :** pensées qui embarrassent la conscience.
2. **Vils :** bas, dignes de mépris.
3. **Pietro :** Pietro Missirilli.
4. **Bonaparte :** Napoléon Bonaparte (1769-1821). Il devint empereur des Français sous le nom de Napoléon Ier.
5. **En 1796, comme le général Bonaparte quittait Brescia :** allusion à la première campagne d'Italie. Bonaparte pénétra dans Brescia (ville de Lombardie, au nord de l'Italie) le 27 mai 1796. Il y séjourna les 27 et 28 mai 1796, puis du 26 au 28 juillet 1796.
6. **Les municipaux :** les magistrats qui administraient la ville.
7. **La porte de la ville :** les villes étaient protégées par une enceinte dans laquelle étaient aménagées des portes.
8. **Bressans :** les habitants de Brescia.
9. **Contraint :** gêné.

– Dès que la nuit sera venue, il faut que je sorte.

– Aie bien soin de rentrer au palais avant le point du jour ; je
t'attendrai.

– Au point du jour je serai à plusieurs milles[1] de Rome.

– Fort bien, dit Vanina froidement, et où irez-vous ?

– En Romagne, me venger.

– Comme je suis riche, reprit Vanina de l'air le plus tranquille,
j'espère que vous accepterez de moi des armes et de l'argent.

Missirilli la regarda quelques instants sans sourciller[2] ; puis se
jetant dans ses bras :

– Âme de ma vie, tu me fais tout oublier, lui dit-il, et même mon
devoir. Mais plus ton cœur est noble, plus tu dois me comprendre.

Vanina pleura beaucoup, et il fut convenu qu'il ne quitterait
Rome que le surlendemain.

– Pietro, lui dit-elle le lendemain, souvent vous m'avez dit qu'un
homme connu, qu'un prince romain, par exemple, qui pourrait
disposer de beaucoup d'argent, serait en état de rendre les plus
grands services à la cause de la liberté, si jamais l'Autriche[3] est
engagée loin de nous, dans quelque grande guerre.

– Sans doute[4], dit Pietro étonné[5].

– Eh bien ! vous avez du cœur[6] ; il ne vous manque qu'une
haute position ; je viens vous offrir ma main[7] et deux cent mille
livres de rentes[8]. Je me charge d'obtenir le consentement de mon
père.

Pietro se jeta à ses pieds ; Vanina était rayonnante de joie.

– Je vous aime avec passion, lui dit-il ; mais je suis un pauvre
serviteur de la patrie ; mais plus l'Italie est malheureuse, plus
je dois lui rester fidèle. Pour obtenir le consentement de don

---

1. **Milles :** un mille est une mesure romaine qui vaut mille doubles pas, soit
   1 481,5 mètres.
2. **Sourciller :** paraître ému ou troublé.
3. **L'Autriche :** l'Italie du Nord est alors sous contrôle de l'Autriche.
4. **Sans doute :** aucun doute là-dessus.
5. **Étonné :** frappé de stupeur.
6. **Cœur :** courage.
7. **Vous offrir ma main :** vous proposer le mariage.
8. **Deux cent mille livres de rentes :** la fortune de Vanina lui permet de proposer à
   Pietro un revenu annuel considérable.

Asdrubale, il faudra jouer un triste rôle pendant plusieurs années. Vanina, je te refuse.

Missirilli se hâta de s'engager par ce mot. Le courage allait lui manquer.

55 – Mon malheur, s'écria-t-il, c'est que je t'aime plus que la vie, c'est que quitter Rome est pour moi le pire des supplices. Ah ! que l'Italie n'est-elle délivrée des barbares ! Avec quel plaisir je m'embarquerais avec toi pour aller vivre en Amérique.

Vanina restait glacée. Ce refus de sa main avait étonné son 60 orgueil ; mais bientôt elle se jeta dans les bras de Missirilli.

– Jamais tu ne m'as semblé aussi aimable[1], s'écria-t-elle ; oui, mon petit chirurgien de campagne[2], je suis à toi pour toujours. Tu es un grand homme comme nos anciens Romains.

Toutes les idées d'avenir, toutes les tristes suggestions du bon 65 sens disparurent ; ce fut un instant d'amour parfait. Lorsque l'on put parler raison[3] :

– Je serai en Romagne presque aussitôt que toi, dit Vanina. Je vais me faire ordonner les bains de la Poretta[4]. Je m'arrêterai au château que nous avons à San Nicolo près de Forli[5]...

70 – Là, je passerai ma vie avec toi ! s'écria Missirilli.

– Mon lot[6] désormais est de tout oser, reprit Vanina avec un soupir. Je me perdrai pour toi, mais n'importe... Pourras-tu aimer une fille déshonorée[7] ?

– N'es-tu pas ma femme, dit Missirilli, et une femme à jamais 75 adorée ? Je saurai t'aimer et te protéger.

---

1. **Aimable :** digne d'être aimé.
2. **Mon petit chirurgien de campagne :** Pietro est le fils d'un chirurgien de campagne.
3. **Lorsque l'on put parler raison :** lorsque l'on put parler avec bon sens après les manifestations d'une passion partagée.
4. **Les bains de la Poretta :** les eaux thermales de cette cité située en bordure de la Romagne sont célèbres pour soigner toutes sortes de maladies.
5. **Forli :** petite ville du nord-est de l'Italie.
6. **Mon lot :** mon destin, mon sort.
7. **Une fille déshonorée :** Vanina s'est donnée à Pietro dans un mouvement incontrôlé mais volontaire de passion amoureuse.

Il fallait que Vanina allât dans le monde[1]. À peine eut-elle quitté Missirilli, qu'il commença à trouver sa conduite barbare.

« Qu'est-ce que la patrie ? se dit-il. Ce n'est pas un être à qui nous devions de la reconnaissance pour un bienfait, et qui soit malheureux et puisse nous maudire si nous y manquons[2]. La patrie et la liberté, c'est comme mon manteau, c'est une chose qui m'est utile, que je dois acheter, il est vrai, quand je ne l'ai pas reçue en héritage de mon père ; mais enfin j'aime la patrie et la liberté, parce que ces deux choses me sont utiles. Si je n'en ai que faire, si elles sont pour moi comme un manteau au mois d'août, à quoi bon les acheter, et un prix énorme ? Vanina est si belle ! elle a un génie si singulier ! On cherchera à lui plaire ; elle m'oubliera. Quelle est la femme qui n'a jamais eu qu'un amant[3] ? Ces princes romains que je méprise comme citoyens ont tant d'avantages sur moi ! Ils doivent être bien aimables ! Ah, si je pars, elle m'oublie, et je la perds pour jamais. »

Au milieu de la nuit, Vanina vint le voir ; il lui dit l'incertitude où il venait d'être plongé, et la discussion à laquelle, parce qu'il l'aimait, il avait livré ce grand mot de patrie. Vanina était bien heureuse[4].

« S'il devait choisir absolument entre la patrie et moi, se disait-elle, j'aurais la préférence. »

L'horloge de l'église voisine sonna trois heures ; le moment des derniers adieux arrivait. Pietro s'arracha des bras de son amie. Il descendait déjà le petit escalier, lorsque Vanina, retenant ses larmes, lui dit en souriant :

– Si tu avais été soigné par une pauvre femme de la campagne, ne ferais-tu rien pour la reconnaissance[5] ? Ne chercherais-tu pas à la payer ? L'avenir est incertain, tu vas voyager au milieu de tes ennemis : donne-moi trois jours par reconnaissance, comme si j'étais une pauvre femme, et pour me payer de mes soins.

---

1. **Il fallait que Vanina allât dans le monde :** Vanina avait des obligations sociales qui l'amenaient à sortir (dîners, bals, etc.).
2. **Si nous y manquons :** si nous trahissons sa cause.
3. **Amant :** homme qui aime.
4. **Bien heureuse :** profondément heureuse.
5. **Pour la reconnaissance :** pour exprimer de la reconnaissance, de la gratitude.

Missirilli resta. Et enfin il quitta Rome. Grâce à un passeport acheté d'une ambassade étrangère, il arriva dans sa famille. Ce fut une grande joie ; on le croyait mort. Ses amis voulurent célébrer sa bienvenue en tuant un carabinier ou deux[1] (c'est le nom que portent les gendarmes dans les États du pape).

– Ne tuons pas sans nécessité un Italien qui sait le maniement des armes, dit Missirilli ; notre patrie n'est pas une île comme l'heureuse Angleterre : c'est de soldats que nous manquons pour résister à l'intervention des rois de l'Europe[2].

Quelque temps après, Missirilli, serré de près[3] par les carabiniers, en tua deux avec les pistolets que Vanina lui avait donnés. On mit sa tête à prix.

Vanina ne paraissait pas en Romagne : Missirilli se crut oublié. Sa vanité fut choquée ; il commençait à songer beaucoup à la différence de rang qui le séparait de sa maîtresse. Dans un moment d'attendrissement et de regret du bonheur passé, il eut l'idée de retourner à Rome voir ce que faisait Vanina. Cette folle pensée allait l'emporter sur ce qu'il croyait être son devoir, lorsqu'un soir la cloche d'une église de la montagne sonna l'Angélus[4] d'une façon singulière, et comme si le sonneur avait une distraction. C'était un signal de réunion pour la vente de carbonari à laquelle Missirilli s'était affilié[5] en arrivant en Romagne. La même nuit, tous se trouvèrent à un certain ermitage[6] dans les bois. Les deux ermites[7], assoupis par l'opium[8], ne s'aperçurent nullement de l'usage auquel servait leur petite maison. Missirilli, qui arrivait fort triste, apprit là que le chef de la vente avait été arrêté, et que lui, jeune homme à

---

1. **En tuant un carabinier ou deux :** ces gendarmes sont les représentants officiels du pouvoir que les carbonari combattent.
2. **Résister à l'intervention des rois de l'Europe :** l'unité italienne (un seul drapeau, un seul gouvernement) pour laquelle se battent les révolutionnaires comme Pietro est compromise par l'action de l'Autriche et de la France.
3. **Serré de près :** poursuivi.
4. **L'Angélus :** prière du matin, de midi et du soir annoncée par le son de la cloche.
5. **S'était affilié :** s'était associé.
6. **Ermitage :** maison isolée où sont retirés des ermites, hommes solitaires qui se livrent à des exercices de piété religieuse.
7. **Ermites :** hommes solitaires qui se livrent à des exercices de piété religieuse.
8. **Opium :** drogue qui procure un sentiment momentané de bien-être et qui emporte l'imagination.

peine âgé de vingt ans, allait être élu chef d'une vente qui comptait des hommes de plus de cinquante ans, et qui étaient dans les conspirations[1] depuis l'exécution de Murat en 1815[2]. En recevant cet honneur inespéré, Pietro sentit battre son cœur. Dès qu'il fut seul, il résolut de ne plus songer à la jeune Romaine qui l'avait oublié, et de consacrer toutes ses pensées au devoir de délivrer l'Italie des barbares[3].

Deux jours après, Missirilli vit dans le rapport des arrivées et des départs qu'on lui adressait, comme chef de vente, que la princesse Vanina venait d'arriver à son château de San Nicolo. La lecture de ce nom jeta plus de trouble que de plaisir dans son âme. Ce fut en vain qu'il crut assurer sa fidélité à la patrie en prenant sur lui de ne pas voler[4] le soir même au château de San Nicolo ; l'idée de Vanina, qu'il négligeait, l'empêcha de remplir ses devoirs d'une façon raisonnable. Il la vit le lendemain ; elle l'aimait comme à Rome. Son père, qui voulait la marier, avait retardé son départ. Elle apportait deux mille sequins[5]. Ce secours imprévu servit merveilleusement à accréditer[6] Missirilli dans sa nouvelle dignité[7]. On fit fabriquer des poignards à Corfou[8] ; on gagna[9] le secrétaire intime du légat[10], chargé de poursuivre les carbonari. On obtint ainsi la liste des curés qui servaient d'espions au gouvernement.

C'est à cette époque que finit de s'organiser l'une des moins folles conspirations qui aient été tentées dans la malheureuse

---

1. **Conspirations :** complots.
2. **L'exécution de Murat en 1815 :** nommé roi de Naples par son beau-frère Napoléon Ier, Joachim Murat trahit son bienfaiteur pour sauver son trône. Rallié à l'Autriche, il sera fusillé le 13 octobre 1815.
3. **Délivrer l'Italie des barbares :** « Liberar l'Italia de' barbari », c'est le mot de Pétrarque en 1350 répété depuis par Jules II, par Machiavel, par le comte Alfieri (note de l'auteur).
4. **Voler :** se précipiter.
5. **Sequins :** monnaie d'or qui avait cours en Italie.
6. **Accréditer :** faire reconnaître Missirilli.
7. **Dignité :** fonction.
8. **Corfou :** île de la Méditerranée qui, après la chute de Napoléon, devint un protectorat britannique pendant un demi-siècle (1814-1864).
9. **On gagna :** on conquit, on rallia à la cause des carbonari.
10. **Légat :** cardinal qui était désigné par le pape pour gouverner une province de l'État ecclésiastique.

Italie. Je n'entrerai point ici dans des détails déplacés. Je me contenterai de dire que si le succès eût couronné l'entreprise, Missirilli eût pu réclamer une bonne part de la gloire. Par lui, plusieurs milliers d'insurgés se seraient levés à un signal donné,
160   et auraient attendu en armes l'arrivée des chefs supérieurs. Le moment décisif approchait, lorsque, comme cela arrive toujours, la conspiration fut paralysée par l'arrestation des chefs.

À peine arrivée en Romagne, Vanina crut voir que l'amour de la patrie ferait oublier à son amant tout autre amour. La fierté de
165   la jeune Romaine s'irrita. Elle essaya en vain de se raisonner ; un noir[1] chagrin s'empara d'elle : elle se surprit à maudire la liberté. Un jour qu'elle était venue à Forli pour voir Missirilli, elle ne fut pas maîtresse de sa douleur, que toujours jusque-là son orgueil avait su maîtriser.
170   — En vérité, lui dit-elle, vous m'aimez comme un mari ; ce n'est pas mon compte.

Bientôt ses larmes coulèrent ; mais c'était de honte de s'être abaissée jusqu'aux reproches. Missirilli répondit à ces larmes en homme préoccupé. Tout à coup Vanina eut l'idée de le quitter et
175   de retourner à Rome. Elle trouva une joie cruelle à se punir de la faiblesse qui venait de la faire parler. Au bout de peu d'instants de silence, son parti fut pris ; elle se fût trouvée indigne de Missirilli si elle ne l'eût pas quitté. Elle jouissait de sa surprise douloureuse quand il la chercherait en vain auprès de lui. Bientôt l'idée de
180   n'avoir pu obtenir l'amour de l'homme pour qui elle avait fait tant de folies l'attendrit profondément. Alors elle rompit le silence, et fit tout au monde pour lui arracher une parole d'amour. Il lui dit d'un air distrait des choses fort tendres ; mais ce fut avec un accent bien autrement profond qu'en parlant de ses entreprises politiques, il
185   s'écria avec douleur :

— Ah ! si cette affaire-ci ne réussit pas, si le gouvernement la découvre encore, je quitte la partie.

Vanina resta immobile. Depuis une heure, elle sentait qu'elle voyait son amant pour la dernière fois. Le mot qu'il prononçait jeta
190   une lumière fatale[2] dans son esprit. Elle se dit : « Les carbonari ont

---

1. **Noir :** sombre et violent.
2. **Fatale :** tragique, mortelle.

reçu de moi plusieurs milliers de sequins. On ne peut douter de mon attachement à la conspiration. »

Vanina ne sortit de sa rêverie que pour dire à Pietro :

– Voulez-vous venir passer vingt-quatre heures avec moi au château de San Nicolo ? Votre assemblée de ce soir n'a pas besoin de ta présence. Demain matin, à San Nicolo, nous pourrons nous promener ; cela calmera ton agitation et te rendra tout le sang-froid dont tu as besoin dans ces grandes circonstances.

Pietro y consentit.

Vanina le quitta pour les préparatifs du voyage, en fermant à clef, comme de coutume, la petite chambre où elle l'avait caché.

Elle courut chez une des femmes de chambre qui l'avait quittée pour se marier et prendre un petit commerce à Forli. Arrivée chez cette femme, elle écrivit à la hâte à la marge d'un livre d'heures[1] qu'elle trouva dans sa chambre, l'indication exacte du lieu où la vente des carbonari devait se réunir cette nuit-là même. Elle termina sa dénonciation par ces mots : « Cette vente est composée de dix-neuf membres ; voici leurs noms et leurs adresses. » Après avoir écrit cette liste, très exacte à cela près que le nom de Missirilli était omis, elle dit à la femme, dont elle était sûre :

– Porte ce livre au cardinal-légat[2] ; qu'il lise ce qui est écrit et qu'il te rende le livre. Voici dix sequins ; si jamais le légat prononce ton nom, la mort est certaine ; mais tu me sauves la vie si tu fais lire au légat la page que je viens d'écrire.

Tout se passa à merveille. La peur du légat fit qu'il ne se conduisit point en grand seigneur. Il permit à la femme du peuple qui demandait à lui parler de ne paraître devant lui que masquée, mais à condition qu'elle aurait les mains liées. En cet état, la marchande fut introduite devant le grand personnage, qu'elle trouva retranché derrière une immense table, couverte d'un tapis vert.

Le légat lut la page du livre d'heures, en le tenant fort loin de lui, de peur d'un poison subtil. Il le rendit à la marchande, et ne la fit point suivre. Moins de quarante minutes après avoir quitté son amant, Vanina, qui avait vu revenir son ancienne femme de

---

1. **Livre d'heures :** livre de prières.
2. **Cardinal-légat :** personne qui était désignée par le pape pour gouverner une province de l'État ecclésiastique.

225 chambre, reparut devant Missirilli, croyant que désormais il était tout à elle. Elle lui dit qu'il y avait un mouvement extraordinaire dans la ville ; on remarquait des patrouilles de carabiniers dans les rues où ils ne venaient jamais.

– Si tu veux m'en croire, ajouta-t-elle, nous partirons à l'instant 230 même pour San Nicolo.

Missirilli y consentit. Ils gagnèrent à pied la voiture de la jeune princesse, qui, avec sa dame de compagnie, confidente discrète et bien payée, l'attendait à une demi-lieue de la ville.

Clefs d'analyse

Action et personnages

1. Que propose Vanina à Pietro pour le retenir auprès d'elle et quel argument majeur le jeune révolutionnaire lui oppose-t-il ?

2. Vanina est sûre d'avoir vaincu l'attrait de la patrie chez Pietro : relevez une phrase où s'exprime son triomphe.

3. Par quel argument Vanina retient-elle Pietro trois jours de plus auprès d'elle ? Qu'en pensez-vous ?

4. Pourquoi la tête de Pietro est-elle mise à prix peu après le retour du jeune révolutionnaire dans sa famille ?

5. Expliquez les doutes de Pietro sur la fidélité de Vanina. Quel événement l'arrête alors qu'il s'apprête à retourner à Rome ?

6. Quel « honneur inespéré » décide Pietro à renoncer à son amour en faveur de son action révolutionnaire ? Comment Vanina regagne-t-elle pourtant le cœur de son amant ?

7. Quelle conspiration se prépare grâce à l'argent de Vanina ? Comment la jeune fille réagit-elle devant la préoccupation du jeune révolutionnaire à la veille d'une grande action ?

8. Expliquez les raisons qui poussent Vanina à dénoncer les conspirateurs.

Langue

1. Sur quelle figure de style est construite la phrase « Italie, tu es vraiment malheureuse, si tes enfants t'abandonnent pour si peu ! » (l. 12-13) ? Clarifiez la pensée de Pietro.

2. Que suggère l'adverbe « froidement » (l. 27) ?

3. « Je suis à toi pour toujours » (l. 62) ; « n'es-tu pas ma femme... et une femme à jamais adorée » (l. 74-75) : sur quel aspect de la passion insistent les expressions « pour toujours » et « à jamais » ?

Clefs d'analyse

41

Clefs d'analyse

Genre ou thèmes

1. Comment Vanina réagit-elle d'abord au refus de Pietro de l'épouser ? Montrez, en citant une phrase significative, que sa passion est plus forte que tout.

2. Repérez le monologue intérieur de Pietro sur la patrie et la liberté. Expliquez l'« incertitude » du jeune révolutionnaire.

3. « Je n'entrerai point ici dans des détails déplacés » (l. 156) : qui révèle sa présence dans cette phrase ? Que découvre le lecteur sur le travail d'un écrivain ?

4. Expliquez le reproche qu'adresse Vanina à Pietro de l'aimer « comme un mari » (l. 170). Quel trait de caractère confirme-t-elle en éprouvant de la « honte » (l. 172) ?

Écriture

1. Rédigez en une page la lettre de dénonciation anonyme dans laquelle Vanina, pour garder l'amour de Pietro, révèle au cardinal-légat tout ce qu'elle sait de la conspiration.

Pour aller plus loin

1. En vous aidant du tableau chronologique présenté dans votre Petit Classique (p. 8-9), donnez les grandes dates du parcours de Napoléon Bonaparte.

✳ À retenir

Stendhal aime plonger le lecteur dans les pensées d'un personnage. La narration laisse alors place au monologue intérieur sous la forme d'un développement ou d'une phrase à la première personne, comme si le héros ou l'héroïne réfléchissait à voix haute. Par ce procédé d'écriture, Stendhal donne au lecteur un accès direct à la sensibilité du personnage.

Arrivée au château de San Nicolo, Vanina, troublée par son étrange démarche, redoubla de tendresse pour son amant. Mais en lui parlant d'amour, il lui semblait qu'elle jouait la comédie. La veille, en trahissant, elle avait oublié le remords. En serrant son amant dans ses bras, elle se disait : « Il y a un certain mot qu'on peut lui dire, et ce mot prononcé, à l'instant et pour toujours, il me prend en horreur. »

Au milieu de la nuit, un des domestiques de Vanina entra brusquement dans sa chambre. Cet homme était carbonaro sans qu'elle s'en doutât. Missirilli avait donc des secrets pour elle, même pour ces détails. Elle frémit. Cet homme venait d'avertir Missirilli que dans la nuit, à Forli, les maisons de dix-neuf carbonari avaient été cernées, et eux arrêtés au moment où ils revenaient de la vente. Quoique pris à l'improviste, neuf s'étaient échappés. Les carabiniers avaient pu conduire dix dans la prison de la citadelle. En y entrant, l'un d'eux s'était jeté dans le puits, si profond, et s'était tué. Vanina perdit contenance[1] ; heureusement Pietro ne la remarqua pas : il eût pu lire son crime dans ses yeux.

Dans ce moment, ajouta le domestique, la garnison de Forli forme une file dans toutes les rues. Chaque soldat est assez rapproché de son voisin pour lui parler. Les habitants ne peuvent traverser d'un côté de la rue à l'autre, que là où un officier est placé.

Après la sortie de cet homme, Pietro ne fut pensif qu'un instant :

– Il n'y a rien à faire pour le moment, dit-il enfin.

Vanina était mourante ; elle tremblait sous les regards de son amant.

– Qu'avez-vous donc d'extraordinaire ? lui dit-il.

Puis il pensa à autre chose, et cessa de la regarder.

Vers le milieu de la journée, elle se hasarda à lui dire :

– Voilà encore une vente de découverte ; je pense que vous allez être tranquille pour quelque temps.

---

1. **Perdit contenance :** se troubla.

– Très tranquille, répondit Missirilli avec un sourire qui la fit frémir.

Elle alla faire une visite indispensable au curé du village de San Nicolo, peut-être espion des jésuites[1]. En rentrant pour dîner à sept heures, elle trouva déserte la petite chambre où son amant était caché. Hors d'elle-même, elle courut le chercher dans toute la maison ; il n'y était point. Désespérée, elle revint dans cette petite chambre, ce fut alors seulement qu'elle vit un billet[2] ; elle lut : « Je vais me rendre prisonnier au légat : je désespère de notre cause ; le ciel est contre nous. Qui nous a trahis ? Apparemment le misérable qui s'est jeté dans le puits. Puisque ma vie est inutile à la pauvre Italie, je ne veux pas que mes camarades, en voyant que, seul, je ne suis pas arrêté, puissent se figurer que je les ai vendus[3]. Adieu, si vous m'aimez, songez à me venger. Perdez, anéantissez l'infâme qui nous a trahis, fût-ce mon père. »

Vanina tomba sur une chaise, à demi évanouie et plongée dans le malheur le plus atroce. Elle ne pouvait proférer aucune parole[4] ; ses yeux étaient secs et brûlants.

Enfin elle se précipita à genoux :

– Grand Dieu ! s'écria-t-elle, recevez mon vœu[5] ; oui, je punirai l'infâme qui a trahi ; mais auparavant il faut rendre la liberté à Pietro.

Une heure après, elle était en route pour Rome. Depuis longtemps son père la pressait de revenir. Pendant son absence, il avait arrangé son mariage avec le prince Livio Savelli. À peine Vanina fut-elle arrivée, qu'il lui en parla en tremblant. À son grand étonnement, elle consentit dès le premier mot. Le soir même, chez la comtesse Vitteleschi, son père lui présenta presque officiellement don Livio ; elle lui parla beaucoup. C'était le jeune homme le plus élégant et qui avait les plus beaux chevaux ; mais, quoiqu'on lui reconnût beaucoup d'esprit, son caractère passait pour tellement

---

1. **Espion des jésuites :** les jésuites défendaient les intérêts du pape et en retiraient des avantages.
2. **Un billet :** un message écrit.
3. **Vendus :** trahis.
4. **Proférer aucune parole :** ne pas dire un mot.
5. **Vœu :** promesse faite au ciel.

léger[1], qu'il n'était nullement suspect au gouvernement. Vanina pensa qu'en lui faisant d'abord tourner la tête[2], elle en ferait un agent[3] commode. Comme il était neveu de monsignor Savelli-Catanzara, gouverneur de Rome et ministre de la Police, elle supposait que les espions n'oseraient le suivre.

Après avoir fort bien traité, pendant quelques jours, l'aimable don Livio, Vanina lui annonça que jamais il ne serait son époux ; il avait, suivant elle, la tête trop légère.

– Si vous n'étiez pas un enfant, lui dit-elle, les commis[4] de votre oncle n'auraient pas de secrets pour vous. Par exemple, quel parti prend-on à l'égard des carbonari découverts récemment à Forli ?

Don Livio vint lui dire, deux jours après, que tous les carbonari pris à Forli s'étaient évadés. Elle arrêta sur lui ses grands yeux noirs avec le sourire amer du plus profond mépris, et ne daigna pas lui parler de toute la soirée. Le surlendemain, don Livio vint lui avouer, en rougissant, que d'abord on l'avait trompé.

– Mais, lui dit-il, je me suis procuré une clef du cabinet[5] de mon oncle ; j'ai vu par les papiers que j'y ai trouvés qu'une congrégation (ou commission), composée des cardinaux et des prélats les plus en crédit[6], s'assemble dans le plus grand secret, et délibère sur la question de savoir s'il convient de juger ces carbonari à Ravenne ou à Rome. Les neuf carbonari pris à Forli, et leur chef, un nommé Missirilli, qui a eu la sottise de se rendre, sont en ce moment détenus au château de San Leo[7].

À ce mot de sottise, Vanina pinça le prince de toute sa force.

– Je veux moi-même, lui dit-elle, voir les papiers officiels et entrer avec vous dans le cabinet de votre oncle ; vous aurez mal lu.

À ces mots, don Livio frémit ; Vanina lui demandait une chose presque impossible ; mais le génie[8] bizarre de cette jeune fille

---

1. **Léger :** superficiel.
2. **En lui faisant d'abord tourner la tête :** en le rendant fou amoureux.
3. **Un agent :** une personne susceptible de l'aider.
4. **Commis :** serviteurs.
5. **Cabinet :** bureau.
6. **Les plus en crédit :** les plus écoutés du pape.
7. **Château de San Leo :** forteresse située à l'époque dans les États du pape.
8. **Génie :** personnalité, intelligence singulière.

redoublait son amour. Peu de jours après, Vanina, déguisée en homme et portant un joli petit habit à la livrée de la casa Savelli[1], put passer une demi-heure au milieu des papiers les plus secrets du ministre de la Police. Elle eut un moment de vif bonheur, lorsqu'elle découvrit le rapport journalier du prévenu[2] Pietro Missirilli. Ses mains tremblaient en tenant ce papier. En relisant son nom, elle fut sur le point de se trouver mal. Au sortir du palais du gouverneur de Rome, Vanina permit à don Livio de l'embrasser.

– Vous vous tirez bien, lui dit-elle, des épreuves auxquelles je veux vous soumettre.

Après un tel mot, le jeune prince eût mis le feu au Vatican[3] pour plaire à Vanina. Ce soir-là, il y avait bal chez l'ambassadeur de France ; elle dansa beaucoup et presque toujours avec lui. Don Livio était ivre de bonheur, il fallait l'empêcher de réfléchir.

– Mon père est quelquefois bizarre, lui dit un jour Vanina, il a chassé ce matin deux de ses gens[4] qui sont venus pleurer chez moi. L'un m'a demandé d'être placé chez votre oncle le gouverneur de Rome ; l'autre qui a été soldat d'artillerie sous les Français, voudrait être employé au château Saint-Ange[5].

– Je les prends tous les deux à mon service, dit vivement le jeune prince.

– Est-ce là ce que je vous demande ? répliqua fièrement Vanina. Je vous répète textuellement[6] la prière de ces pauvres gens ; ils doivent obtenir ce qu'ils ont demandé, et pas autre chose.

Rien de plus difficile. Monsignor Catanzara[7] n'était rien moins qu'un homme léger, et n'admettait dans sa maison que des gens de lui bien connus. Au milieu d'une vie remplie, en apparence, par

---

1. **Livrée de la casa Savelli :** comme toutes les grandes familles, la maison (« casa ») Savelli faisait porter un vêtement particulier (une livrée) à ses domestiques.
2. **Prévenu :** pesonne accusée d'un délit (ici Pietro Missirilli).
3. **Vatican :** palais de Rome, demeure habituelle du pape, qui est bâti sur cette colline et qui en tire son nom.
4. **Gens :** domestiques.
5. **Château Saint-Ange :** ou fort Saint-Ange ; à Rome, monument situé non loin de Vatican. Il servait alors de prison politique à la papauté.
6. **Textuellement :** mot pour mot.
7. **Monsignor Catanzara :** le gouverneur de Rome, oncle de Livio Savelli.

120 tous les plaisirs, Vanina, bourrelée[1] de remords, était fort malheureuse. La lenteur des événements la tuait. L'homme d'affaires de
son père lui avait procuré de l'argent. Devait-elle fuir la maison
paternelle et aller en Romagne essayer de faire évader son amant ?
Quelque déraisonnable que fût cette idée, elle était sur le point de
125 la mettre à exécution lorsque le hasard eut pitié d'elle.

Don Livio lui dit :

– Les dix carbonari de la vente Missirilli vont être transférés à
Rome, sauf à[2] être exécutés en Romagne, après leur condamnation.
Voilà ce que mon oncle vient d'obtenir du pape ce soir. Vous et
130 moi sommes les seuls dans Rome qui sachions ce secret. Êtes-vous
contente ?

– Vous devenez un homme, répondit Vanina ; faites-moi cadeau
de votre portrait.

---

1. **Bourrelée :** assaillie et tourmentée.
2. **Sauf à :** sans exclure la possibilité que.

Clefs d'analyse

**De « Arrivée au château de San Nicolo »
à « faites-moi cadeau de votre portrait ».**

Action et personnages

1. Quels événements majeurs se déroulent à Forli pendant que Missirilli se trouve, avec Vanina, au château de San Nicolo ? Qui vient en avertir le jeune homme ?

2. Par quels termes la lettre de Pietro désigne-t-elle le traître qui a révélé le lieu et le moment de la « vente » des carbonari ? En réalité, à qui ces termes s'adressent-ils ?

3. Comment expliquez-vous la docilité de Vanina à l'idée d'épouser don Livio ?

4. Qui est monsignor Savelli-Catanzara ? Précisez son lien de parenté avec don Livio.

5. Quel rôle Vanina fait-elle jouer à Don Livio pour sauver Pietro ?

6. Quelles épreuves successives Vanina impose-t-elle à don Livio et comment le jeune homme amoureux réagit-il ?

7. D'après les informations que donne don Livio, quel sort est réservé aux conspirateurs ? Quelle action va pouvoir engager Vanina pour sauver Pierto ?

Langue

1. Par quelles émotions successives passe Vanina dans les lignes 1 à 49 ? Expliquez son trouble à la lumière de sa trahison et des suites dramatiques de son acte.

2. La trahison de Vanina est évoquée comme un « crime » (l. 18) : qui a choisi ce terme ? Vous semble-t-il approprié pour désigner ce qu'a fait Vanina pour garder l'amour de Pietro ?

3. Quels choix d'écriture donnent à cette phrase sa puissance expressive : « Vous devenez un homme, répondit Vanina ; faites-moi cadeau de votre portrait » ?

Genre ou thèmes

1. Après avoir relevé des détails significatifs, dites dans quelle situation politique se trouve l'Italie de *Vanina Vanini* : quelles sont les forces en présence ? Qui détient le pouvoir et de quelle manière se manifeste ce pouvoir ?

Clefs d'analyse

**De « Arrivée au château de San Nicolo »
à « faites-moi cadeau de votre portrait ».**

2. Par quelle initiative Pietro prouve-t-il à la fois son patriotisme et sa solidarité envers ses compagnons ?

3. En quoi consiste « le génie bizarre » de Vanina qui oblige don Livio à se dépasser devant les épreuves auxquelles le soumet la jeune fille ?

Écriture

1. Monsignor Savelli-Catanzara est dépeint comme « rien moins qu'un homme léger » : brossez, à l'imparfait ou au présent de narration, le portrait de cet homme puissant tel que vous l'imaginez.

2. Dans un monologue intérieur, imaginez les pensées de Vanina prête à fuir la maison paternelle pour aller en Romagne faire évader son amant.

3. Que pensez-vous de don Livio, qui cède à toutes les demandes de Vanina ? Développez votre point de vue en raisonnant à partir du caractère, des actions et des paroles du jeune prince.

Pour aller plus loin

1. Qui est Giuseppe Mazzini ? Aidez-vous d'Internet ou d'une encyclopédie.

✳ À retenir

Dans *Vanina Vanini*, Stendhal montre combien le cadre historique et politique d'un pays influence la vie des gens. Pietro et ses camarades carbonari engagés dans une lutte ardente pour la liberté veulent construire l'unité de leur pays, l'Italie. La passion des deux héros s'inscrit sur cet arrière-fond : Vanina va jusqu'à trahir pour garder sa place dans le cœur de Pietro. Mais le jeune patriote ne renonce pas à son engagement.

La veille du jour où Missirilli devait arriver à Rome, Vanina prit un prétexte pour aller à Città-Castellana. C'est dans la prison de cette ville que l'on fait coucher les carbonari que l'on transfère de la Romagne à Rome. Elle vit Missirilli le matin, comme il sortait de la prison : il était enchaîné seul sur une charrette ; il lui parut fort pâle, mais nullement découragé. Une vieille femme lui jeta un bouquet de violettes, Missirilli sourit en la remerciant.

Vanina avait vu son amant, toutes ses pensées semblèrent renouvelées ; elle eut un nouveau courage. Dès longtemps[1] elle avait fait obtenir un bel avancement[2] à M. l'abbé Cari, aumônier[3] du château Saint-Ange, où son amant allait être enfermé ; elle avait pris ce bon prêtre pour confesseur. Ce n'est pas peu de chose à Rome que d'être confesseur d'une princesse, nièce du gouverneur.

Le procès des carbonari de Forli ne fut pas long. Pour se venger de leur arrivée à Rome, qu'il n'avait pu empêcher, le parti ultra[4] fit composer la commission qui devait les juger des prélats les plus ambitieux[5]. Cette commission fut présidée par le ministre de la police.

La loi contre les carbonari est claire : ceux de Forli ne pouvaient conserver aucun espoir ; ils n'en défendirent pas moins leur vie par tous les subterfuges[6] possibles. Non seulement leurs juges les condamnèrent à mort, mais plusieurs opinèrent[7] pour des supplices atroces, le poing coupé, etc. Le ministre de la police, dont la fortune était faite (car on ne quitte cette place que pour prendre le chapeau[8]), n'avait nul besoin de poing coupé ; en portant la

---

1. **Dès longtemps :** depuis longtemps.
2. **Avancement :** promotion, progrès dans la carrière de l'abbé.
3. **Aumônier :** prêtre chargé du culte (ensemble des cérémonies qui caractérisent une religion).
4. **Le parti ultra :** les plus farouchement conservateurs et anti-révolutionnaires.
5. **Fit composer la commission qui devait les juger des prélats les plus ambitieux :** les juges seront des gens d'Église ultraconservateurs et anti-révolutionnaires.
6. **Subterfuges :** moyens détournés, artifices pour se tirer d'embarras.
7. **Opinèrent :** du verbe « opiner », se prononcer pour.
8. **Prendre le chapeau :** le grand chapeau plat des cardinaux.

sentence au pape, il fit commuer[1] en quelques années de prison la peine de tous les condamnés. Le seul Pietro Missirilli fut excepté. Le ministre voyait dans ce jeune homme un fanatique[2] dangereux, et d'ailleurs il avait aussi été condamné à mort comme coupable de meurtre sur les deux carabiniers dont nous avons parlé. Vanina sut la sentence et la commutation peu d'instants après que le ministre fut revenu de chez le pape.

Le lendemain, monsignor Catanzara rentra dans son palais vers le minuit, il ne trouva point son valet de chambre ; le ministre[3], étonné, sonna plusieurs fois ; enfin parut un vieux domestique imbécile : le ministre, impatienté, prit le parti de se déshabiller lui-même[4]. Il ferma sa porte à clef ; il faisait fort chaud : il prit son habit et le lança en paquet sur une chaise. Cet habit, jeté avec trop de force, passa par-dessus la chaise, alla frapper le rideau de mousseline[5] de la fenêtre, et dessina la forme d'un homme. Le ministre se jeta rapidement vers son lit et saisit un pistolet. Comme il revenait près de la fenêtre, un fort jeune homme, couvert de sa livrée[6], s'approcha de lui le pistolet à la main. À cette vue, le ministre approcha le pistolet de son œil ; il allait tirer. Le jeune homme lui dit en riant :

– Eh quoi ! monseigneur, ne reconnaissez-vous pas Vanina Vanini ?

– Que signifie cette mauvaise plaisanterie ? répliqua le ministre en colère.

– Raisonnons froidement, dit la jeune fille. D'abord votre pistolet n'est pas chargé.

Le ministre, étonné, s'assura du fait ; après quoi il tira un poignard de la poche de son gilet.

Vanina lui dit avec un petit air d'autorité charmant :

– Asseyons-nous, monseigneur.

---

1. **Commuer :** remplacer.
2. **Fanatique :** personne qui manifeste une ardeur excessive pour une cause religieuse ou politique.
3. **Le ministre :** le prêtre (ministre du Seigneur). Il s'agit de monsignor Catanzara, le gouverneur de Rome.
4. **Prit le parti de se déshabiller lui-même :** le gouverneur doit normalement être aidé de son domestique pour se déshabiller.
5. **Mousseline :** tissu très fin.
6. **Livrée :** vêtement que portent les domestiques d'une maison noble.

55   Et elle prit place tranquillement sur un canapé.

– Êtes-vous seule au moins ? dit le ministre.

– Absolument seule, je vous le jure ! s'écria Vanina.

C'est ce que le ministre eut soin de vérifier : il fit le tour de la chambre et regarda partout ; après quoi il s'assit sur une chaise à

60 trois pas de Vanina.

– Quel intérêt aurais-je, dit Vanina d'un air doux et tranquille, d'attenter[1] aux jours d'un homme modéré, qui probablement serait remplacé par quelque homme faible à tête chaude, capable de se perdre soi et les autres ?

65   – Que voulez-vous donc, mademoiselle ? dit le ministre avec humeur. Cette scène ne me convient point et ne doit pas durer.

– Ce que je vais ajouter, reprit Vanina avec hauteur[2], et oubliant tout à coup son air gracieux, importe à vous plus qu'à moi. On veut que le carbonaro Missirilli ait la vie sauve : s'il est exécuté, vous ne

70 lui survivrez pas d'une semaine. Je n'ai aucun intérêt à tout ceci ; la folie dont vous vous plaignez, je l'ai faite pour m'amuser d'abord, et ensuite pour servir une de mes amies. J'ai voulu, continua Vanina, en reprenant son air de bonne compagnie[3], j'ai voulu rendre service à un homme d'esprit, qui bientôt sera mon oncle, et doit porter loin,

75 suivant toute apparence, la fortune de sa maison.

Le ministre quitta l'air fâché : la beauté de Vanina contribua sans doute à ce changement rapide. On connaissait dans Rome le goût de monseigneur Catanzara pour les jolies femmes, et, dans son déguisement en valet de pied[4] de la casa Savelli, avec des bas

80 de soie bien tirés, une veste rouge, son petit habit bleu de ciel galonné[5] d'argent, et le pistolet à la main, Vanina était ravissante.

– Ma future nièce, dit le ministre presque en riant, vous faites là une haute folie, et ce ne sera pas la dernière.

– J'espère qu'un personnage aussi sage, répondit Vanina, me

85 gardera le secret, et surtout envers don Livio, et pour vous y enga-

---

1. **Attenter :** porter atteinte, menacer.
2. **Hauteur :** autorité.
3. **De bonne compagnie :** aimable et mondain.
4. **Valet de pied :** homme en livrée au service d'un grand personnage (ici la maison Savelli).
5. **Galonné :** orné d'un galon, d'une bande de tissu étroite servant à agrémenter l'habillement.

ger, mon cher oncle, si vous m'accordez la vie du protégé de mon amie, je vous donnerai un baiser.

Ce fut en continuant la conversation sur ce ton de demi-plaisanterie, avec lequel les dames romaines savent traiter les plus grandes affaires, que Vanina parvint à donner à cette entrevue, commencée le pistolet à la main, la couleur d'une visite faite par la jeune princesse Savelli à son oncle le gouverneur de Rome.

Bientôt monseigneur Catanzara, tout en rejetant avec hauteur l'idée de s'en laisser imposer par la crainte, en fut à raconter à sa nièce toutes les difficultés qu'il rencontrerait pour sauver la vie de Missirilli. En discutant, le ministre se promenait dans la chambre avec Vanina ; il prit une carafe de limonade qui était sur la cheminée et en remplit un verre de cristal. Au moment où il allait le porter à ses lèvres, Vanina s'en empara, et, après l'avoir tenu quelque temps, le laissa tomber dans le jardin comme par distraction. Un instant après, le ministre prit une pastille de chocolat dans une bonbonnière, Vanina la lui enleva, et lui dit en riant :

– Prenez donc garde, tout chez vous est empoisonné ; car on voulait votre mort. C'est moi qui ai obtenu la grâce de mon oncle futur, afin de ne pas entrer dans la famille Savelli absolument les mains vides.

Monseigneur Catanzara, fort étonné, remercia sa nièce, et donna de grandes espérances pour la vie de Missirilli.

– Notre marché est fait ! s'écria Vanina, et la preuve, c'est qu'en voici la récompense ! dit-elle en l'embrassant.

Le ministre prit la récompense.

– Il faut que vous sachiez, ma chère Vanina, ajouta-t-il, que je n'aime pas le sang, moi. D'ailleurs, je suis jeune encore, quoique peut-être je vous paraisse bien vieux, et je puis vivre à une époque où le sang versé aujourd'hui fera tache[1].

Deux heures sonnaient quand monseigneur Catanzara accompagna Vanina jusqu'à la petite porte de son jardin.

---

1. **Fera tache :** le ministre pense à son avenir. Il ne veut pas laisser de traces qui puissent nuire à ses ambitions.

Clefs d'analyse

**De « La veille du jour où Missirilli
devant arriver à Rome » jusqu'à « la petite porte de son jardin ».**

Action et personnages

1. Commentez l'attitude de Missirilli à sa sortie de prison.

2. De quelle manière Vanina s'est-elle assuré l'assistance de l'abbé Cari, aumônier du château Saint-Ange où sera enfermé Pietro après son jugement ?

3. Quelle sentence prononcent les juges contre les dix carbonari arrêtés ? Qu'apprenons-nous sur les mœurs de la justice ?

4. Finalement, de quelle manière la sentence sera-t-elle appliquée ? Expliquez les raisons de monsignor Catanzara.

5. Comment Vanina réussit-elle à s'introduire chez le ministre de la police ? Montrez son sang-froid.

6. Par quels sentiments successifs passe monsignor Catanzara, surpris dans sa chambre ?

7. Qu'exige la jeune fille ? De quelle menace accompagne-t-elle sa demande ? Que prétend-elle pour faire accepter son initiative ?

8. Pourquoi le ministre finit-il par céder ? À quoi est-il sensible ?

9. Quel sentiment traduit la phrase de Vanina « Notre marché est fait » (l. 108) ?

Langue

1. Relevez, dans les deux premiers paragraphes, deux phrases au présent : que disent-elles ? Qui montre sa connaissance de l'Italie à travers ces interventions ?

2. Expliquez l'expression « fanatique dangereux », que le ministre de la police applique à Pietro Missirilli.

3. « On veut que le carbonaro Missirilli ait la vie sauve » (l. 68-69) ; « on voulait votre mort » (l. 103-104) : qui se cache derrière le pronom « on » ?

Clefs d'analyse

De « La veille du jour où Missirilli devant arriver à Rome » jusqu'à « la petite porte de son jardin ».

Genre ou thèmes

1. Relevez le vocabulaire appréciatif dans le bref portrait de la jeune fille déguisée en valet de pied de la casa Savelli (l. 79-81). À partir de quel point de vue cette évocation est-elle présentée ?

2. Montrez, en citant une phrase significative, que le ministre de la police est un habile homme politique qui veut faire une longue carrière.

Écriture

1. Monseigneur Catanzara « en fut à raconter [...] toutes les difficultés qu'il rencontrerait pour sauver la vie de Missirilli » : dans un long discours argumentatif, le ministre de la police montre la difficulté de l'entreprise et les risques qu'il court.

2. Que pensez-vous de l'initiative de Vanina entrée secrètement dans la chambre du ministre de la police pour plaider la cause de Pietro Missirilli au nom d'« une amie » ? Vous prendrez position en analysant les raisons de la jeune femme, les risques qu'elle court et l'issue favorable de son entrevue.

Pour aller plus loin

1. Qui possède, en France, le pouvoir de gracier un condamné ? Faites une recherche sur Internet avec les mots-clés « grâce » et « condamné ».

✳ À retenir

Le point de vue ou focalisation interne est une des particularités de la narration chez Stendhal. Cette technique, que le cinéma empruntera souvent par la suite, consiste à montrer une scène, un objet ou un personnage à partir du regard d'un autre personnage. L'image alors a une double valeur : elle donne à voir, mais elle révèle aussi les sentiments et les émotions du personnage qui regarde.

Le surlendemain, lorsque le ministre parut devant le pape, assez embarrassé de la démarche qu'il avait à faire, Sa Sainteté lui dit :
– Avant tout, j'ai une grâce à vous demander. Il y a un de ces carbonari de Forli qui est resté condamné à mort ; cette idée m'empêche de dormir : il faut sauver cet homme.

Le ministre, voyant que le pape avait pris son parti, fit beaucoup d'objections, et finit par écrire un décret ou motu proprio[1], que le pape signa, contre l'usage.

Vanina avait pensé que peut-être elle obtiendrait la grâce de son amant, mais qu'on tenterait de l'empoisonner. Dès la veille, Missirilli avait reçu de l'abbé Cari, son confesseur, quelques petits paquets de biscuits de mer[2], avec l'avis de ne pas toucher aux aliments fournis par l'État.

Vanina ayant su après que les carbonari de Forli allaient être transférés au château de San Leo, voulut essayer de voir Missirilli à son passage à Città-Castellana ; elle arriva dans cette ville vingt-quatre heures avant les prisonniers ; elle y trouva l'abbé Cari, qui l'avait précédée de plusieurs jours. Il avait obtenu du geôlier que Missirilli pourrait entendre la messe, à minuit, dans la chapelle de la prison. On alla plus loin : si Missirilli voulait consentir à se laisser lier les bras et les jambes par une chaîne, le geôlier se retirerait vers la porte de la chapelle, de manière à voir toujours le prisonnier, dont il était responsable, mais à ne pouvoir entendre ce qu'il dirait.

Le jour qui devait décider du sort de Vanina parut enfin. Dès le matin, elle s'enferma dans la chapelle de la prison. Qui pourrait dire les pensées qui l'agitèrent durant cette longue journée ? Missirilli l'aimait-il assez pour lui pardonner ? Elle avait dénoncé sa vente, mais elle lui avait sauvé la vie. Quand la raison prenait

---

1. **Écrire un décret ou motu proprio :** expression d'origine latine désignant un document rédigé de la main du pape et ne répondant pas à une requête.
2. **Biscuits de mer :** sortes de galettes composées de farine, d'eau et de levain, que les marins emportent dans leurs longs voyages en mer.

le dessus dans cette âme bourrelée[1], Vanina espérait qu'il voudrait consentir à quitter l'Italie avec elle : si elle avait péché, c'était par excès d'amour. Comme quatre heures sonnaient, elle entendit de loin, sur le pavé, les pas des chevaux des carabiniers. Le bruit de chacun de ces pas semblait retentir dans son cœur. Bientôt elle distingua le roulement des charrettes qui transportaient les prisonniers. Elles s'arrêtèrent sur la petite place devant la prison ; elle vit deux carabiniers soulever Missirilli, qui était seul sur une charrette, et tellement chargé de fers[2] qu'il ne pouvait se mouvoir. « Du moins il vit, se dit-elle les larmes aux yeux, ils ne l'ont pas encore empoisonné ! » La soirée fut cruelle ; la lampe de l'autel[3], placée à une grande hauteur, et pour laquelle le geôlier[4] épargnait l'huile[5], éclairait seule cette chapelle sombre. Les yeux de Vanina erraient sur les tombeaux de quelques grands seigneurs du Moyen Âge morts dans la prison voisine. Leurs statues avaient l'air féroce.

Tous les bruits avaient cessé depuis longtemps ; Vanina était absorbée dans ses noires pensées. Un peu après que minuit eut sonné, elle crut entendre un bruit léger comme le vol d'une chauve-souris. Elle voulut marcher, et tomba à demi évanouie sur la balustrade[6] de l'autel. Au même instant, deux fantômes se trouvèrent tout près d'elle, sans qu'elle les eût entendu venir. C'étaient le geôlier et Missirilli chargé de chaînes, au point qu'il en était comme emmailloté. Le geôlier ouvrit une lanterne, qu'il posa sur la balustrade de l'autel, à côté de Vanina, de façon à ce qu'il pût bien voir son prisonnier. Ensuite il se retira dans le fond, près de la porte. À peine le geôlier se fut-il éloigné que Vanina se précipita au cou de Missirilli. En le serrant dans ses bras, elle ne sentit que ses chaînes froides et pointues. « Qui les lui a données, ces chaînes ? » pensa-t-elle. Elle n'eut aucun plaisir à embrasser son amant. À cette douleur en succéda une autre plus poignante ; elle crut un instant que Missirilli savait son crime, tant son accueil fut glacé.

---

1. **Bourrelée :** assaillie et tourmentée.
2. **Fers :** chaînes.
3. **L'autel :** dans la chapelle de la prison, table où l'on célèbre la messe.
4. **Le geôlier :** le gardien de la prison.
5. **L'huile :** autrefois, les lampes éclairaient grâce à la combustion de l'huile.
6. **Balustrade :** sorte de barrière, de rambarde.

– Chère amie, lui dit-il enfin, je regrette l'amour que vous avez pris pour moi ; c'est en vain que je cherche le mérite[1] qui a pu vous l'inspirer. Revenons, croyez-m'en, à des sentiments plus chrétiens, oublions les illusions qui jadis nous ont égarés ; je ne puis vous appartenir. Le malheur constant qui a suivi mes entreprises vient peut-être de l'état de péché mortel où je me suis constamment trouvé. Même à n'écouter que les conseils de la prudence humaine, pourquoi n'ai-je pas été arrêté avec mes amis, lors de la fatale nuit de Forli ? Pourquoi, à l'instant du danger, ne me trouvais-je pas à mon poste ? Pourquoi mon absence a-t-elle pu autoriser les soupçons les plus cruels ? J'avais une autre passion que celle de la liberté de l'Italie.

Vanina ne revenait pas de la surprise que lui causait le changement de Missirilli. Sans être sensiblement maigri, il avait l'air d'avoir trente ans. Vanina attribua ce changement aux mauvais traitements qu'il avait soufferts en prison, elle fondit en larmes.

– Ah, lui dit-elle, les geôliers avaient tant promis qu'ils te traiteraient avec bonté.

Le fait est qu'à l'approche de la mort, tous les principes religieux qui pouvaient s'accorder avec la passion pour la liberté de l'Italie avaient reparu dans le cœur du jeune carbonaro. Peu à peu Vanina s'aperçut que le changement étonnant qu'elle remarquait chez son amant était tout moral, et nullement l'effet de mauvais traitements physiques. Sa douleur, qu'elle croyait au comble, en fut encore augmentée.

Missirilli se taisait ; Vanina semblait sur le point d'être étouffée par les sanglots. Il ajouta d'un air un peu ému lui-même :

– Si j'aimais quelque chose sur la terre, ce serait vous, Vanina ; mais grâce à Dieu, je n'ai plus qu'un seul but dans ma vie : je mourrai en prison, ou en cherchant à donner la liberté à l'Italie.

Il y eut encore un silence ; évidemment Vanina ne pouvait parler : elle l'essayait en vain. Missirilli ajouta :

– Le devoir est cruel, mon amie ; mais s'il n'y avait pas un peu de peine à l'accomplir, où serait l'héroïsme ? Donnez-moi votre parole que vous ne chercherez plus à me voir.

---

1. **Le mérite :** les qualités.

Autant que sa chaîne assez serrée le lui permettait, il fit un petit mouvement du poignet, et tendit les doigts à Vanina.

– Si vous permettez un conseil à un homme qui vous fut cher, mariez-vous sagement à l'homme de mérite[1] que votre père vous destine. Ne lui faites aucune confidence fâcheuse ; mais, d'un autre côté, ne cherchez jamais à me revoir ; soyons désormais étrangers l'un à l'autre. Vous avez avancé une somme considérable pour le service de la patrie ; si jamais elle est délivrée de ses tyrans, cette somme vous sera fidèlement payée en biens nationaux[2].

Vanina était atterrée[3]. En lui parlant, l'œil de Pietro n'avait brillé qu'au moment où il avait nommé la patrie.

Enfin l'orgueil vint au secours de la jeune princesse ; elle s'était munie de diamants et de petites limes[4]. Sans répondre à Missirilli, elle les lui offrit.

– J'accepte par devoir, lui dit-il, car je dois chercher à m'échapper ; mais je ne vous verrai jamais, je le jure en présence de vos nouveaux bienfaits. Adieu, Vanina ; promettez-moi de ne jamais m'écrire, de ne jamais chercher à me voir ; laissez-moi tout à la patrie, je suis mort pour vous : adieu.

– Non, reprit Vanina furieuse, je veux que tu saches ce que j'ai fait guidée par l'amour que j'avais pour toi.

Alors elle lui raconta toutes les démarches depuis le moment où Missirilli avait quitté le château de San Nicolo, pour aller se rendre au légat. Quand ce récit fut terminé :

– Tout cela n'est rien, dit Vanina : j'ai fait plus, par amour pour toi.

Alors elle lui dit sa trahison.

– Ah ! monstre, s'écria Pietro furieux, en se jetant sur elle, et il cherchait à l'assommer avec ses chaînes.

Il y serait parvenu sans le geôlier qui accourut aux premiers cris. Il saisit Missirilli.

---

1. **L'homme de mérite :** l'homme de qualité, c'est-à-dire le prince Livio Savelli.
2. **Biens nationaux :** richesses confisquées au clergé et à la noblesse en cas de révolution populaire.
3. **Atterrée :** effondrée sous l'effet d'une émotion puissante.
4. **Diamants et [...] petites limes :** ces instruments pourraient aider Missirilli à scier ses chaînes.

Clefs d'analyse

Action et personnages

1. Comment le pape facilite-t-il la tâche du ministre de la police venu lui demander de sauver la tête de Missirilli ? Quelles qualités supérieures affiche le souverain pontife ?

2. Comment Vanina se débrouille-t-elle pour organiser une entrevue avec Pietro ? Qui va l'aider ?

3. Quelles émotions, quelles pensées agitent Vanina pendant qu'elle attend l'arrivée de Pietro dans la chapelle ?

4. Comment Vanina espérait-elle être reçue par son amant ? Quel accueil lui réserve-t-il ? Citez le texte.

5. Quels changements Vanina observe-t-elle chez Pietro ? Que ressent la jeune fille devant cet homme nouveau ?

6. Citez trois phrases dans lesquelles Pietro énonce sa rupture avec Vanina. Quelle promesse cherche-t-il à arracher à la jeune princesse ? Que craint-il ?

7. Pourquoi, à votre avis, Vanina révèle-t-elle sa trahison à Pietro ? Décrivez et commentez la réaction du jeune homme.

Langue

1. Que signale l'emploi répété de l'adverbe interrogatif « pourquoi » (l. 67-72) ?

2. Définissez les termes « devoir » et « héroïsme » qu'utilise Pietro pour expliquer son choix à Vanina.

3. « Vanina furieuse » (l. 115), « Pietro furieux » (l. 123) : expliquez la fureur des deux personnages en montrant qu'elle a, chez l'un et chez l'autre, une origine différente.

4. Quel terme Pietro utilise-t-il deux fois à l'encontre de Vanina qui vient d'avouer sa trahison ? Ce terme vous semble-t-il mérité ?

Genre ou thèmes

1. « Elle avait dénoncé sa vente, mais elle lui avait sauvé la vie » (l. 28-29) : expliquez la situation paradoxale de Vanina.

2. Dans quel état se trouve Pietro quand il arrive à la prison ?
   À partir de quel point de vue est présentée cette arrivée ?
   Que découvre ainsi le lecteur ?

3. Relevez un trait de réalisme dans l'évocation de l'étreinte
   entre Vanina et Pietro (l. 55-58) : pourquoi le narrateur
   juge-t-il important de signaler au lecteur la sensation
   qu'éprouve Vanina au contact de l'homme qu'elle aime ?

Écriture

1. « Si elle avait péché, c'était par excès d'amour » (l. 31-32) :
   pensez-vous que l'amour de Vanina pour Pietro excuse
   sa trahison ? Développez votre point de vue en montrant
   que, peut-être, Vanina avait d'autres moyens pour retenir
   Pietro.

2. Que pensez-vous du dénouement de cette histoire ?
   Regrettez-vous sa brièveté ou, au contraire, appréciez-vous
   la rapidité avec laquelle Stendhal clôt le récit ?

Pour aller plus loin

1. En vous reportant aux rubriques « Pour mieux lire l'œuvre »
   et « Repères chronologiques » de votre Petit Classique,
   expliquez pourquoi Stendhal semble si familier de l'Italie.

2. Qu'appelle-t-on une nouvelle à chute ?

✳ À retenir

Le dénouement d'un récit donne au lecteur des
indications sur la résolution des conflits en même temps
qu'il programme l'avenir des héros. Contrastant avec la
longue scène de rupture qui précède, c'est sous la forme
d'une « chute » brève et inattendue que Stendhal conclut
l'histoire des amours de la princesse Vanina et de son
amant, le révolutionnaire Pietro Missirilli.

Clefs d'analyse

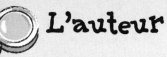
L'auteur

1. **Indiquez d'une croix le nom de naissance de Stendhal.**
   ☐ Henri Beyles
   ☐ Henry Baile
   ☐ Henri Besles
   ☐ Henry Beyle
   ☐ Henri Beyle

2. **Soulignez la bonne réponse.**
   a. Stendhal est né sous le règne de Louis XVI / Bonaparte.
   b. Stendhal est né à Grenoble / Lyon.
   c. Stendhal a été sous-lieutenant / général au 6ᵉ régiment de dragons.
   d. Stendhal a participé à la deuxième campagne d'Italie / la bataille de Waterloo.
   e. Stendhal a été consul de France à Civitavecchia / Città-Castellana.

3. **Oui ou non ?**
   Stendhal a pu connaître :
   a. Corneille   oui ☐ non ☐
   b. Molière   oui ☐ non ☐
   c. Victor Hugo   oui ☐ non ☐
   d. Balzac   oui ☐ non ☐
   e. Mérimée   oui ☐ non ☐

4. **Repérez une inexactitude dans la brève biographie qui suit :**
   À l'âge de 7 ans, Stendhal perd sa mère. Son éducation est assurée par son grand-père Henri Gagnon qu'il adore et par un précepteur qu'il déteste, l'abbé Raillane. Particulièrement doué pour les mathématiques, il interrompt ses études pour partir à Paris où il s'engage, après un passage dans l'armée, dans une double carrière politique et littéraire. Ses livres n'ont pas beaucoup de succès mais il n'en prend pas ombrage car il a le sentiment de s'adresser à une minorité de lecteurs, les « happy few », seuls capables de comprendre et d'apprécier son art. *Le Rouge et le Noir*, paru en 1839, est le dernier roman qu'il publie de son vivant.

Le genre

1. **Oui ou non ?**
   Vanina Vanini est :
   a. un conte   oui ☐ non ☐
   b. un drame   oui ☐ non ☐
   c. une nouvelle   oui ☐ non ☐
   d. une fable   oui ☐ non ☐
   e. une satire   oui ☐ non ☐

2. ***Vanina Vanini* entre dans la composition de :**
   a. *Chroniques italiennes*
   b. *De l'amour*
   c. *Promenades dans Rome*
   d. *Souvenirs d'égotisme*
   e. *Rome, Naples et Florence*

3. **À l'aide de flèches, associez *Vanina Vanini* avec ses registres dominants :**
   registre dramatique
   registre comique
   registre didactique   *Vanina Vanini*
   registre lyrique
   registre tragique

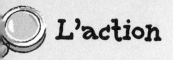

L'action

1. Soulignez le lieu où se déroule la scène du bal au début de *Vanina Vanini*.

a. Rome
b. Florence
c. Naples
d. Venise
e. Milan

2. Remettez dans leur ordre chronologique ces péripéties.

a. ☐ Vanina se lie d'amitié avec Clémentine.
b. ☐ Pietro tue deux carabiniers.
c. ☐ Pietro est nommé chef d'une vente.
d. ☐ Pietro se constitue prisonnier.
e. ☐ Vanina offre à Pietro de l'épouser.
f. ☐ Vanina épouse don Livio Savelli.
g. ☐ Vanina apprend à Pietro qu'elle a trahi les carbonari.
h. ☐ À Forli, Pietro apprend l'arrestation de ses amis.
i. ☐ Les conjurés sont condamnés à mort.
j. ☐ Vanina dénonce la conspiration.
k. ☐ Vanina rencontre Pietro dans la chapelle de la prison de Città-Castellana.
l. ☐ Vanina obtient la grâce de Pietro.
m. ☐ Pietro quitte Vanina pour de bon.

3. Cochez la bonne réponse.

Le soir du bal, Pietro s'échappe :
☐ du château de Forli
☐ du château de San Leo
☐ du fort Saint-Ange

Vanina envoie la liste des conspirateurs au cardinal-légat par l'intermédiaire de :
☐ une de ses anciennes femmes de chambre
☐ Livio Savelli
☐ l'abbé Cari

Le pape veut sauver la tête de Missirilli :
☐ parce qu'il le croit innocent
☐ parce que le ministre de la police le lui demande
☐ parce que sa conscience l'exige

65

L'action

La dernière entrevue de Vanina et de Pietro a lieu :
☐ dans la chapelle du fort Saint-Ange
☐ dans la chapelle de la prison de Città-Castellana
☐ dans la chapelle du château de San Leo

Pietro arrive au rendez-vous :
☐ enchaîné, dans une charrette
☐ enchaîné, à pied
☐ enchaîné sur un cheval

Pietro accueille Vanina :
☐ avec froideur
☐ avec méfiance
☐ avec regret

Pietro veut quitter Vanina :
☐ par devoir patriotique
☐ parce qu'il n'aime plus la jeune fille
☐ parce qu'elle l'a trahi

Pietro recommande à Vanina :
☐ de rester son ami
☐ d'épouser don Livio Savelli
☐ de s'engager pour la liberté de l'Italie

Après l'aveu de sa trahison, Vanina est traitée de :
☐ criminelle
☐ monstre
☐ misérable

4. **Oui ou non ?**
   Vanina entrée secrètement dans la chambre du ministre de la police est déguisée en :

   a. femme de chambre   oui ☐ non ☐
   b. valet de pied   oui ☐ non ☐
   c. page   oui ☐ non ☐
   d. prêtre   oui ☐ non ☐
   e. carabinier   oui ☐ non ☐

Les personnages

1. **Donnez le nom du personnage évoqué dans ce portrait :**
   « C'est un homme riche qui depuis vingt ans n'a pas compté avec son intendant, lequel lui prête ses propres revenus à un intérêt très élevé. Si vous le rencontrez dans la rue, vous le prendrez pour un vieux comédien ; vous ne remarquerez pas que ses mains sont chargées de cinq ou six bagues énormes garnies de diamants fort gros ».
   Il s'agit de : ....

2. **Qui est don Livio Savelli ? Cochez la bonne réponse.**
   ☐ le fils de monsignor Savelli-Catanzara
   ☐ le neveu de monsignor Savelli-Catanzara
   ☐ le petit-fils de monsignor Savelli-Catanzara

3. **Qui est l'abbé Cari ? Cochez la bonne réponse.**
   ☐ le confesseur de Vanina
   ☐ le confesseur de Livio Savelli
   ☐ le confesseur de Pietro Missirilli

4. **Déguisé en jeune fille, Pietro blessé prétend s'appeler :**
   ☐ Albertine
   ☐ Clémentine
   ☐ Éveline
   ☐ Honorine
   ☐ Ludivine

5. **Qui prononce ces mots : Vanina ou Pietro ?**
   a. Je me perdrai pour toi, mais n'importe :

   ....

   b. On ne peut douter de mon dévouement à la conspiration :

   ....

   c. Faites-moi cadeau de votre portrait :

   ....

   d. Je vous donnerai un baiser :

   ....

   e. Ne cherchez jamais à me revoir :

   ....

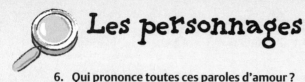

Les personnages

6. Qui prononce toutes ces paroles d'amour ?

a. Je t'aime plus que la vie :

....

b. Je saurai t'aimer et te protéger :

....

c. Âme de ma vie, tu me fais tout oublier :

....

d. Je vous aime avec passion :

....

e. Là, je passerai ma vie avec toi ! :

....

7. Qui déclare : « au moins, celui-là a fait quelque chose de plus que se donner la peine de naître » ?

☐ Pietro Missirilli

☐ le prince don Asdrubale

☐ la comtesse Vitteleschi

☐ monsignor Savelli-Catanzara

☐ Vanina

8. Complétez ce résumé en précisant le nom du personnage dont il est question.

C'est avec une audace remarquable que Vanina, pour sauver la tête de son amant Pietro, s'introduit dans la chambre de ...., déguisée en valet de pied de la casa Savelli. Dans un premier temps, ... se saisit d'un pistolet pour se défendre, puis après avoir reconnu la jeune princesse, engage avec elle une conversation. Charmé par la beauté de Vanina, ... promet d'intervenir auprès du pape pour éviter la mort à Pietro Missirilli. En échange, il obtient un baiser !

9. Parmi ces caractéristiques, soulignez celles qui distinguent :

a. **Vanina Vanini :** la générosité, la beauté, la maladresse, l'orgueil, l'envie, l'extravagance, l'audace, la puissance.

b. **Pietro Missirilli :** la galanterie, l'héroïsme, l'insolence, la bravoure, la solidarité, l'idéalisme, le sens de l'honneur, le patriotisme.

c. **Monsignor Catanzara :** la jeunesse, la répression, la puissance, l'idéalisme, l'humour, la vengeance.

 # Les principaux thèmes

1. **À l'aide d'une flèche, mettez en liaison les thèmes et les personnages.**

   la trahison   Pietro Missirilli
   la patrie   Monsignor Catanzara
   l'ambition   Don Asdrubale
   la richesse   Vanina

2. **En quoi consiste l'« orgueil » de Vanina souvent mentionné dans le récit ?**

   ☐ l'amour-propre
   ☐ l'arrogance
   ☐ l'indépendance
   ☐ l'assurance
   ☐ la ruse

3. **Parmi les thèmes suivants, barrez ceux qui n'apparaissent pas dans *Vanina Vanini*.**

   la liberté - la patrie - la répression - la passion - l'argent - la trahison - le mariage - l'hypocrisie - la flatterie - l'héroïsme - l'avarice - l'esclavage - la vieillesse - la peur - la nature - la religion - la justice - l'engagement - la résistance.

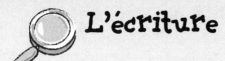

L'écriture

1. **Marquez d'une croix les phrases de monologue intérieur.**
   - ☐ Vanina se demanda si elle aimait seule.
   - ☐ « Que vais-je faire ? pensa Missirilli ; rester caché chez une des plus belles personnes de Rome ? »
   - ☐ Vanina pensa qu'en lui faisant d'abord tourner la tête, elle en ferait un agent commode.
   - ☐ « Il faut que cette pauvre femme ait des ennemis bien terribles, se dit Vanina, pour que mon père, d'un caractère si insouciant, n'ose se confier à personne. »
   - ☐ « S'il devait choisir absolument entre la patrie et moi, se disait-elle, j'aurais la préférence. »

2. **Marquez d'une croix les phrases où le narrateur intervient personnellement dans le récit.**
   - ☐ Monsignor Catanzara n'était rien moins qu'un homme léger, et n'admettait dans sa maison que des gens de lui bien connus.
   - ☐ C'est à cette époque que finit de s'organiser l'une des moins folles conspirations qui aient été tentées dans la malheureuse Italie. Je n'entrerai pas ici dans des détails déplacés.
   - ☐ Elle avait pris ce bon prêtre pour confesseur. Ce n'est pas peu de chose à Rome que d'être confesseur d'une princesse, nièce du gouverneur.
   - ☐ Vanina ne doutait pas que le plus grand bonheur de Pietro ne fût de lui rester à jamais attaché.

3. **Barrez une phrase qui n'appartient pas à cette série réaliste.**
   - a. Un grand linge taché de sang couvrait sa poitrine.
   - b. Bientôt elle n'eut plus rien à lui refuser.
   - c. La robe ensanglantée jetée sur une chaise paraissait avoir été percée de coups de poignard.
   - d. Souvent elle se trouvait la bouche pleine de sang.
   - e. Il fit des questions au chirurgien qui le saigna.

4. **Repérez une phrase au style indirect libre.**
   - ☐ Vous vous tirez bien, lui dit-elle, des épreuves auxquelles je veux vous soumettre.

70

☐ Vanina espérait qu'il voudrait consentir à quitter l'Italie avec elle : si elle avait péché, c'était par excès d'amour.

☐ Depuis une heure, elle sentait qu'elle voyait son amant pour la dernière fois.

☐ Le ministre, voyant que le pape avait pris son parti, fit beaucoup d'objections.

☐ Adieu, Vanina ; promettez-moi de ne jamais m'écrire, de ne jamais chercher à me voir.

5. **Soulignez la phrase dans laquelle l'Italie est personnifiée.**

   a. Il aima comme on aime pour la première fois à dix-neuf ans et en Italie.

   b. Italie, tu es vraiment malheureuse, si tes enfants t'abandonnent pour si peu !

   c. Vanina espérait qu'il voudrait consentir à quitter l'Italie avec elle : si elle avait péché, c'était par excès d'amour.

   d. Tous les principes religieux qui pouvaient s'accorder avec la passion pour la liberté de l'Italie avaient reparu dans le cœur du jeune carbonaro.

6. **Marquez d'une croix les phrases descriptives rédigées à partir d'un point de vue interne.**

   ☐ Elle vit don Asdrubale entrer chez l'inconnue ; il portait un petit panier où étaient des provisions.

   ☐ Vanina leva les yeux, et vit avec étonnement qu'une des fenêtres de l'appartement que son père avait fermé avec tant de soin était ouverte.

   ☐ Un jour elle vit l'inconnue plus distinctement : ses yeux bleus étaient fixés dans le ciel ; elle semblait prier.

   ☐ Il la vit le lendemain ; elle l'aimait comme au premier jour.

   ☐ Elle vit Missirilli le matin, comme il sortait de la prison : il lui parut fort pâle mais nullement découragé.

POUR
APPROFONDIR

Thèmes et prolongements

✣ La passion selon Stendhal

Pietro Missirilli, révolutionnaire idéaliste, et Vanina Vanini, jeune princesse orgueilleuse, devaient-ils se rencontrer ? A priori non. Mais voilà que des circonstances romanesques mettent face à face ces deux jeunes gens que tout sépare. Un désir réciproque les unit ; ils s'enflamment, connaissent toutes les ivresses d'une passion partagée avant de céder, l'un, à l'appel de la patrie, l'autre, à l'impérieux besoin de reconquérir l'amant qui se dérobe.

La transgression

La passion chez Vanina s'exprime à travers une série d'infractions qui témoignent chez elle d'une remarquable liberté de pensée et d'action. Contre tous les principes de son éducation, la princesse amoureuse vient chaque nuit contempler le beau Pietro blessé, avec une claire conscience des risques qu'elle prend : « Si je lui parle, se disait-elle, je suis perdue ! Non, jamais je ne dois le revoir ! ». L'alibi du chirurgien qu'elle accompagne dans la chambre du malade l'aide à franchir un premier interdit : la jeune fille, d'abord « pâle et tremblante », « le front couvert de rougeur », se retrouve dans une intimité bien compromettante avec le jeune carbonaro recherché par la police du pape. Assumant sa « folie » avec bonheur, elle se donne à lui (« Bientôt elle n'eut plus rien à lui refuser ») puis lui propose le mariage. Plus tard, pour garder son amour, elle n'hésite pas à financer la conspiration des carbonari. Peine perdue : Pietro, inexorablement, s'éloigne. Mais que ne ferait-elle pas pour garder près d'elle ce jeune homme que lui dispute la patrie ? Sans hésiter, elle dénonce le complot, croyant naïvement qu'une fois ses compagnons arrêtés, Pietro sera « tout à elle ». Son amant s'étant rendu aux autorités, elle exploite habilement, avec une hardiesse sans limites, l'amour que lui porte le prince don Livio pour obtenir des informations-clés sur le sort des conjurés, puis s'assure la collaboration de l'abbé Cari devenu son confesseur. Enfin, déguisée en valet, elle s'introduit dans la chambre du ministre de la police et négocie la grâce de son amant.

L'orgueil

Chez les deux héros la passion se mesure constamment avec l'orgueil, ce sentiment élevé de ce que l'on se doit à soi-même. Dans un premier temps, Pietro, au nom de la virilité masculine, tient à cacher son amour. Face à lui, l'orgueilleuse princesse résiste de toutes ses forces à son propre désir (« jamais je ne lui avouerai l'intérêt qu'il m'inspire ») avant de capituler. Quand elle rejoint Pietro en Romagne, elle juge inacceptable de se voir mise en concurrence avec « la malheureuse Italie » : « la fierté de la jeune Romaine s'irrita ». L'orgueil dicte à Vanina toutes ses pensées, ses actions et ses paroles. Très sensible à sa propre image, elle met un point d'honneur à garder son sang-froid devant cet homme qui commence à l'aimer « comme un mari » et trouve inexcusable de « s'être abaissée jusqu'aux reproches ». Durant son ultime rencontre avec Pietro, c'est encore l'orgueil qui lui permet de faire face à la rupture : après avoir révélé au prisonnier toutes les démarches qu'elle a entreprises pour le sauver, elle prend sa revanche en proclamant sa trahison.

La souffrance

Pendant les quelques mois de sa tumultueuse passion, Vanina souffre. D'abord, l'épreuve de la séparation pèse à ce jeune cœur épris : « Vanina pleura beaucoup ». Puis le doute envahit l'amoureuse quand elle s'aperçoit que Pietro, qui lui avait promis un attachement éternel (« N'es-tu pas ma femme [...] et une femme à jamais adorée ? Je saurai t'aimer et te protéger »), s'éloigne d'elle. Ensuite, après sa trahison, le remords la hante : « au milieu d'une vie remplie, en apparence, par tous les plaisirs, Vanina, bourrelée de remords, était fort malheureuse ». Pour finir, l'accueil glacial de Pietro qui anéantit tous ses espoirs lui inflige un échec cuisant, blessure d'orgueil mais aussi détresse amoureuse.

Pour approfondir

❖ Une nouvelle romanesque

Des personnages emportés par la passion, une action tumultueuse, des scènes dramatiques : tous les ingrédients du romanesque se trouvent dans la courte nouvelle de *Vanina Vanini*. Constamment sollicité, le lecteur espère, rêve, sursaute, s'étonne au rythme d'une histoire qui, de rebondissement en rebondissement, entraîne, à toute vitesse, son imagination.

Des personnalités éclatantes

Deux héros occupent l'espace du récit : d'abord Vanina, jeune femme excentrique au caractère bien trempé. Anticonformiste dans sa pensée, libre dans ses démarches, cette princesse hors norme — « une des plus belles personnes de Rome » selon Pietro Missirilli — règne sur tous les cœurs. Elle domine par sa beauté mais aussi par son génie « singulier » et « bizarre ». Face à elle le jeune carbonaro fougueux s'impose comme un homme de passion. Sensible à la personnalité de Vanina, il cède à ses attraits et devient, dans l'intrigue, l'amant clandestin de l'héroïne. Par la suite, sa préférence ayant changé d'objet — « la malheureuse Italie » prenant, dans son cœur, la place de Vanina —, il fait preuve d'une conviction que rien ne saurait ébranler. Don Livio Savelli échappe également à la médiocrité : aiguillonné par l'amour, ce jeune prince élégant, riche et sans imagination se montre capable d'initiatives risquées : neveu du ministre de la police, c'est lui qui, contre toute attente, révèle à Vanina des secrets d'État. Enfin, le prince don Asdrubale et la comtesse Vitteleschi, ces deux aristocrates qui donnent asile au révolutionnaire en fuite, sont également remarquables. Le paradoxe de leur intervention sort de leur cadre mondain ces personnages pour en faire des aventuriers étonnants.

Une action à rebondissements

En une trentaine de pages, une multitude d'événements se succèdent sur un rythme effréné que soutiennent les ellipses temporelles

(« Quatre mois passèrent bien vite » pour évoquer la convalescence de Pietro). La liaison amoureuse du carbonaro avec la fille de son protecteur déplace l'intrigue politique sur le terrain du sentiment, mais le départ de Pietro pour la Romagne réoriente l'action sur le terrain idéologique. Quand Missirilli tue deux carabiniers, sa tête est mise à prix. C'est dans cette situation périlleuse qu'il est élu chef d'une vente. Belle promotion pour un garçon de dix-neuf ans ! À partir de ce moment, l'action s'accélère : le jeune carbonaro prépare une conspiration d'envergure, en partie financée par l'argent de Vanina. Décidée à faire échouer ce complot qui éloigne d'elle son amant, l'amoureuse dénonce les insurgés, après avoir pris soin de mettre Pietro à l'abri au château de San Nicolo où elle se berce de l'illusion de l'avoir définitivement « tout à elle ». Mais Missirilli se rend aux autorités. Il est condamné à mort. Pour sauver la tête de son amant, Vanina entre alors clandestinement dans la chambre du ministre de la police et négocie la grâce du coupable. Puis elle organise l'entrevue de la dernière chance avec Pietro. À la froideur du jeune homme, elle répond par l'aveu cinglant de sa trahison. La rupture est définitive. Vanina épouse le prince Livio Savelli.

Des motifs et des scènes romanesques

Comme on le voit, les motifs romanesques abondent : évasions, blessures, conspiration, dénonciation et trahison, assassinats, emprisonnement... L'auteur puise hardiment dans la panoplie du romanesque politique qu'il amalgame habilement au romanesque amoureux avec des rencontres clandestines, des aveux, des séparations entrecoupées de retrouvailles, des déguisements (Pietro se fait passer pour Clémentine ; Vanina se travestit en valet de pied de la casa Savelli)... Rivalité de l'amour et de la révolution, « folies » accomplies au nom de la passion, manœuvres politiques et amoureuses : Stendhal flatte chez le lecteur des rêves de domination et d'amour fou.

Pour approfondir

✤ L'écriture stendhalienne

« En paraissant mépriser le style, il en était très préoccupé », écrit Sainte-Beuve dans *le Moniteur* du 9 janvier 1854. Stendhal qui avait en horreur le style boursouflé, qui revendiquait une langue naturelle et spontanée donne, dans *Vanina Vanini*, un échantillon révélateur de son écriture telle qu'elle s'affirmera dans les grands romans (*Le Rouge et le Noir*, 1830 ; *La Chartreuse de Parme*, 1839).

La promptitude

La langue de *Vanina Vanini* est rapide. La phrase, d'abord : simple ou composée (Stendhal utilise massivement les conjonctions « et », « mais »), c'est une phrase brève, incisive. Parfois complexe, elle privilégie les subordonnées relatives nerveuses plutôt que les conjonctives alambiquées. Cette phrase construit des portraits convaincants où Stendhal en quelques mots fait émerger une personnalité et deviner un destin. Les dialogues, vifs, utilisent la même syntaxe sous la forme de répliques fébriles, mordantes ou passionnées qui, majoritairement au style direct, révèlent les émotions et les préoccupations des personnages — par exemple, dans la scène où Vanina négocie la grâce de Pietro auprès de monsignor Catanzara. Quant à l'ellipse, elle force le rythme par condensation du temps : « Quatre mois passèrent bien vite ». Même chose pour le résumé dont les vertus de compression de la durée s'affichent de façon magistrale dans le dénouement : « Vanina resta anéantie. Elle revint à Rome ; et le journal annonce qu'elle vient d'épouser le prince don Livio Savelli. »

La simplicité

Stendhal décrit les lieux et les personnes en faisant émerger le détail qui dit tout. Au fil du récit, l'écriture pose les événements avec netteté, en laissant au lecteur le soin d'approfondir à la fois leur sens et leur portée dramatique. Ce refus de l'analyse repose sur des énoncés francs et naturels que l'on comprend sans effort : « Vanina espérait qu'il voudrait consentir à quitter l'Italie avec elle : si elle avait péché, c'était par excès d'amour. » La même clarté émerge du vocabulaire. Le lexique de la passion réunit des mots et des expressions courants, qui frisent parfois le cliché (« je vous aime », « Vanina l'aimait à la folie », « je t'aime plus que la vie »). De même, la politique est évoquée en des termes familiers qui donnent au lecteur le plus ignorant les clés de l'idéologie républicaine : Pietro défend « la cause de la liberté », il se décrit comme « un pauvre serviteur de la patrie » bien décidé à « délivrer l'Italie des barbares ».

L'originalité

On relève dans *Vanina Vanini* un emploi systématique du monologue intérieur, cette technique narrative qui consiste à faire penser tout haut un personnage, à la première personne. C'est ainsi que souvent le lecteur se retrouve au cœur des préoccupations de Vanina : « Si je lui parle, se disait-elle, je suis perdue ! Non, jamais je ne dois le revoir ! » À noter également le style indirect libre. Par cet emploi, la parole d'un personnage est rapportée sous sa forme spontanée tout en restant bien ancrée dans le récit : « elle se rappelait, malgré elle, l'amitié qu'elle avait prise pour ce jeune homme [...] Après une intimité si douce, il fallait donc l'oublier ! » Mais d'autres traits distinctifs définissent la singularité de l'écriture. D'abord, Stendhal, dans un désir de vérité, privilégie le point de vue interne par lequel il donne à voir une scène ou un personnage à partir du regard d'un autre personnage. Ensuite, il évoque toujours sous une forme allusive, conforme à la morale de son époque, la rencontre des corps amoureux : « Bientôt elle n'eut plus rien à lui refuser. » Enfin, l'écrivain affirme constamment sa présence dans la fiction pour commenter une situation, apprécier un caractère, ajouter une information historique ou culturelle.

Pour approfondir

✤ L'Italie : réalité et fiction

Dans *Vanina Vanini*, Stendhal met en scène une Italie qu'il connaît bien pour y avoir vécu, travaillé et aimé pendant une grande partie de sa vie. L'histoire véritable de ce pays qui, au nom de la liberté, combat tous les pouvoirs en place (le pape, l'Autriche), offre à l'écrivain un cadre réaliste dans lequel il recrée l'Italie de son cœur.

Une Italie en mutation sociale

Souvent personnifiée dans les propos de Pietro Missirilli, l'Italie apparaît comme une mère patrie qui souffre : « Italie, tu es vraiment malheureuse si tes enfants t'abandonnent pour si peu ! » Deux sociétés s'y côtoient : la première est celle des riches et puissants qui, comme le prince don Asdrubale, M. le duc de B*** ou le jeune Livio Savelli, vivent dans des palais somptueux et donnent des bals réservés à la haute société. La seconde, symbolisée par le héros Pietro Missirilli, jeune homme de « naissance obscure », est celle d'un peuple accablé mais résistant, dont le futur se construit dans l'ombre, au rythme des « ventes » où se réunissent les penseurs et les acteurs d'une révolution en marche. C'est ainsi que l'évasion audacieuse du carbonaro, publiée en pleine fête le soir du bal, produit un bel effet d'annonce : l'ordre ancien est menacé, comme en témoigne la remarque insolente de Vanina Vanini à don Livio Savelli (« celui-là a fait quelque chose de plus que de se donner la peine de naître »). Les esprits évoluent, même parmi la noblesse et les puissants...

Lutte et répression

Entièrement dévoués à la « patrie », les révolutionnaires de *Vanina Vanini* sont des idéalistes en lutte contre les « vils tyrans » qui martyrisent « la pauvre Italie ». Ils rêvent d'une nation délivrée des « barbares » et reconquise au nom des principes de liberté et d'égalité hérités de la révolution française de 1789. Infiltrés partout, y compris parmi les domestiques de Vanina, ils organisent de « folles conspirations » et utilisent l'arme du poison jusqu'au plus haut sommet de l'État : le redoutable ministre de la police, monsignor Savelli-Catanzara, gouverneur de Rome au service du pape, est pour eux une cible de choix car il incarne la répression absolue.

Pourchassés, emprisonnés, condamnés, les carbonari subissent un sort cruel. Pietro, « pauvre serviteur de la patrie », raconte ainsi avoir été « amené, enchaîné, de la Romagne à Rome », « plongé dans un cachot éclairé jour et nuit par une lampe ». Lancée aux trousses des révolutionnaires, toute une armée de « sbires » poursuit le fugitif le soir de son évasion du fort Saint-Ange. Dans le dernier épisode, on le voit enchaîné mais la tête haute, définitivement acquis à la « cause de la liberté ». L'espionnage et la corruption sont utilisés par les deux bords : « on gagna le secrétaire intime du légat chargé de poursuivre les carbonari. On obtint ainsi la liste des curés qui servaient d'espions au gouvernement ».

L'Italie réinventée

Mais Rome et ses alentours fournissent également un cadre merveilleusement romanesque à l'intrigue. La magnificence du bal dans les premières pages de la nouvelle évoque un pays épris de luxe, d'art et de beauté : c'est l'Italie dont Stendhal raffolait. La rencontre des deux héros révèle au lecteur « l'amour-passion » à l'italienne où tout est excès, comme la vie de l'auteur en témoigne. Enfin, plusieurs personnages dévoilent une Italie extravagante et fantaisiste, conforme à l'imaginaire de Stendhal : Vanina Vanini nourrit la révolution en distribuant des armes et de l'argent aux conspirateurs en lutte contre les privilégiés dont elle fait partie ; le prince don Asdrubale, complice de sa noble amie la comtesse Vitteleschi, donne asile à Pietro Missirilli, carbonaro échappé de prison. Quant au ministre de la police symbole de la répression, il badine avec une jolie femme entrée en catimini dans sa chambre, et le charmant Livio Savelli livre, par amour, des secrets d'État volés à son oncle !

Pour approfondir

Textes et images

❖ Figures d'héroïnes

De Chimène à Mathilde de La Mole, en passant par la duchesse de Langeais, Carmen et Marguerite Gautier, nombreuses sont les héroïnes inscrites dans le paysage littéraire de la France. Inoubliables, ces belles jeunes femmes, princesses, guerrières, mondaines, courtisanes ou bourgeoises, s'imposent dans le cadre de la fiction comme des personnalités hors du commun.

Documents :

❶ Extrait du *Cid* (III, 4), tragi-comédie de Pierre Corneille (1637).

❷ Extrait de *Le Rouge et le Noir* (livre II, chapitre XVII), roman de Stendhal (1830).

❸ Extrait de *La Duchesse de Langeais*, roman d'Honoré de Balzac (1834).

❹ Extrait de *Carmen*, nouvelle de Prosper Mérimée (1845).

❺ Extrait de *La Dame aux camélias*, roman d'Alexandre Dumas fils (1848).

❻ Mme Récamier, portrait par David (1800).

❼ *Bohémienne, Séville,* lithographie de Gustave Doré (1848).

❽ *Jeanne d'Arc,* gravure extraite de *Petite Histoire de France*, de Jacques Bainville (1928).

❾ Photographie extraite du *Roman de Marguerite Gautier*, film de George Cukor (1936).

❶ *Pour sauver l'honneur de son propre père, Rodrigue a tué le père de Chimène...*

CHIMÈNE
Ah ! Rodrigue, il est vrai, quoique ton ennemie,
Je ne puis te blâmer d'avoir fui l'infamie ;
Et, de quelque façon qu'éclatent mes douleurs,
Je ne t'accuse point, je pleure mes malheurs.

Je sais ce que l'honneur, après un tel outrage,
Demandait à l'ardeur d'un généreux courage :
Tu n'as fait le devoir que d'un homme de bien ;
Mais aussi, le faisant, tu m'as appris le mien.
Ta funeste valeur m'instruit par ta victoire ;
Elle a vengé ton père et soutenu ta gloire :
Même soin me regarde, et j'ai, pour m'affliger,
Ma gloire à soutenir, et mon père à venger.
Hélas ! ton intérêt ici me désespère.
Si quelque autre malheur m'avait ravi mon père,
Mon âme aurait trouvé dans le bien de te voir
L'unique allégement qu'elle eût pu recevoir ;
Et contre ma douleur j'aurais senti des charmes,
Quand une main si chère eût essuyé mes larmes.
Mais il me faut te perdre après l'avoir perdu ;
Cet effort sur ma flamme à mon honneur est dû ;
Et cet affreux devoir, dont l'ordre m'assassine,
Me force à travailler moi-même à ta ruine.
Car enfin n'attends pas de mon affection
De lâches sentiments pour ta punition.
De quoi qu'en ta faveur notre amour m'entretienne,
Ma générosité doit répondre à la tienne :
Tu t'es, en m'offensant, montré digne de moi ;
Je me dois, par ta mort, montrer digne de toi.

DON RODRIGUE

Ne diffère donc plus ce que l'honneur t'ordonne :
Il demande ma tête, et je te l'abandonne ;
Fais-en un sacrifice à ce noble intérêt :
Le coup m'en sera doux, aussi bien que l'arrêt.
Attendre après mon crime une lente justice,
C'est reculer ta gloire autant que mon supplice.
Je mourrai trop heureux, mourant d'un coup si beau.

Textes et images

CHIMÈNE

Va, je suis ta partie, et non pas ton bourreau.
Si tu m'offres ta tête, est-ce à moi de la prendre ?
Je la dois attaquer, mais tu dois la défendre ;
C'est d'un autre que toi qu'il me faut l'obtenir,
Et je dois te poursuivre, et non pas te punir.

DON RODRIGUE

De quoi qu'en ma faveur notre amour t'entretienne,
Ta générosité doit répondre à la mienne ;
Et pour venger un père emprunter d'autres bras,
Ma Chimène, crois-moi, c'est n'y répondre pas :
Ma main seule du mien a su venger l'offense,
Ta main seule du tien doit prendre la vengeance.

CHIMÈNE

Cruel ! à quel propos sur ce point t'obstiner ?
Tu t'es vengé sans aide, et tu m'en veux donner !
Je suivrai ton exemple, et j'ai trop de courage
Pour souffrir qu'avec toi ma gloire se partage.
Mon père et mon honneur ne veulent rien devoir
Aux traits de ton amour, ni de ton désespoir.

DON RODRIGUE

Rigoureux point d'honneur ! hélas ! quoi que je fasse,
Ne pourrai-je à la fin obtenir cette grâce ?
Au nom d'un père mort, ou de notre amitié,
Punis-moi par vengeance, ou du moins par pitié.
Ton malheureux amant aura bien moins de peine
À mourir par ta main qu'à vivre avec ta haine.

CHIMÈNE

Va, je ne te hais point.

DON RODRIGUE

                    Tu le dois.

CHIMÈNE

                              Je ne puis.

❷ Elle ne parut point au dîner. Le soir elle vint un instant au salon, mais ne regarda pas Julien. Cette conduite lui parut étrange ; mais, pensa-t-il, je dois me l'avouer, je ne connais les usages de la bonne compagnie que par les actions de la vie de tous les jours que j'ai vu faire cent fois ; elle me donnera quelque bonne raison pour tout ceci. Toutefois, agité par la plus extrême curiosité, il étudiait l'expression des traits de Mathilde ; il ne put pas se dissimuler qu'elle avait l'air sec et méchant. Évidemment ce n'était pas la même femme qui, la nuit précédente, avait ou feignait des transports de bonheur trop excessifs pour être vrais.

Le lendemain, le surlendemain, même froideur de sa part ; elle ne le regardait point, elle ne s'apercevait pas de son existence. Julien, dévoré par la plus vive inquiétude, était à mille lieues des sentiments de triomphe qui l'avaient seuls animé le premier jour. « Serait-ce, par hasard, se dit-il, un retour à la vertu ? » Mais ce mot était bien bourgeois pour l'altière Mathilde.

« Dans les positions ordinaires de la vie, elle ne croit guère à la religion, pensait Julien, elle l'aime comme utile aux intérêts de sa caste.

Mais par simple délicatesse féminine ne peut-elle pas se reprocher vivement la faute irréparable qu'elle a commise ? Julien croyait être son premier amant.

« Mais, se disait-il dans d'autres instants, il faut avouer qu'il n'y a rien de naïf, de simple, de tendre dans toute sa manière d'être ; jamais je ne l'ai vue plus semblable à une reine qui vient de descendre de son trône. Me mépriserait-elle ? Il serait digne d'elle de se reprocher ce qu'elle a fait pour moi, à cause seulement de la bassesse de ma naissance. »

Pendant que Julien, rempli de ses préjugés puisés dans les livres et dans les souvenirs de Verrières, poursuivait la chimère d'une maîtresse tendre et qui ne songe plus à sa propre existence du moment qu'elle a fait le bonheur de son amant, la vanité de Mathilde était furieuse contre lui.

Comme elle ne s'ennuyait plus depuis deux mois, elle ne craignait plus l'ennui ; ainsi, sans pouvoir s'en douter le moins du monde, Julien avait perdu son plus grand avantage.

Pour approfondir

Textes et images

« Je me suis donc donné un maître ! se disait Mlle de La Mole en se promenant agitée dans sa chambre. Il est rempli d'honneur, à la bonne heure ; mais si je pousse à bout sa vanité, il se vengera en faisant connaître la nature de nos relations. »

Tel est le malheur de notre siècle, les plus étranges égarements même ne guérissent pas de l'ennui. Julien était le premier amour de Mathilde, et, dans cette circonstance de la vie qui donne quelques illusions tendres même aux âmes les plus sèches, elle était en proie aux réflexions les plus amères.

« Il a sur moi un empire immense, puisqu'il règne par la terreur et peut me punir d'une peine atroce, si je le pousse à bout. »

Cette seule idée suffisait pour porter Mathilde à l'outrage, car le courage était la première qualité de son caractère. Rien ne pouvait lui donner quelque agitation et la guérir d'un fond d'ennui sans cesse renaissant que l'idée qu'elle jouait à croix ou pile son existence entière.

Le troisième jour, comme Mlle de La Mole s'obstinait à ne pas le regarder, Julien la suivit après dîner, et évidemment malgré elle dans la salle de billard.

— Eh bien, monsieur, vous croyez donc avoir acquis des droits bien puissants sur moi, lui dit-elle avec une colère à peine retenue, puisque en opposition à ma volonté bien clairement déclarée, vous prétendez me parler ?... Savez-vous que personne au monde n'a jamais tant osé ?

Rien ne fut plaisant comme le dialogue de ces deux jeunes amants ; sans s'en douter, ils étaient animés l'un contre l'autre des sentiments de la haine la plus vive. Comme aucun des deux n'avait le caractère endurant, que d'ailleurs ils avaient des habitudes de bonne compagnie, ils en furent bientôt à se déclarer nettement qu'ils se brouillaient à jamais.

— Je vous jure un éternel secret, dit Julien, j'ajouterais même que jamais je ne vous adresserai la parole, si votre réputation ne pouvait souffrir de ce changement trop marqué.

Il salua avec un parfait respect et partit.

Il accomplissait sans trop de peine ce qu'il croyait un devoir ; il était bien loin de se croire fort amoureux de Mlle de La Mole. Sans doute il ne l'aimait pas trois jours auparavant, quand on l'avait caché dans la grande armoire d'acajou. Mais tout changea rapidement dans son âme, du moment qu'il se vit à jamais brouillé avec elle.

Sa mémoire cruelle se mit à lui retracer les moindres circonstances de cette nuit qui, dans la réalité, l'avait laissé si froid.

Dès la seconde nuit qui suivit la déclaration de brouille éternelle, Julien faillit devenir fou en étant obligé de s'avouer qu'il avait de l'amour pour Mlle de La Mole.

Des combats affreux suivirent cette découverte : tous ses sentiments étaient bouleversés.

3 Depuis dix-huit mois, la duchesse de Langeais menait cette vie creuse, exclusivement remplie par le bal, par les visites faites pour le bal, par des triomphes sans objet, par des passions éphémères, nées et mortes pendant une soirée. Quand elle arrivait dans un salon, les regards se concentraient sur elle, elle moissonnait des mots flatteurs, quelques expressions passionnées qu'elle encourageait du geste, du regard, et qui ne pouvaient jamais aller plus loin que l'épiderme. Son ton, ses manières, tout en elle faisait autorité. Elle vivait dans une sorte de fièvre de vanité, de perpétuelle jouissance qui l'étourdissait. Elle allait assez loin en conversation, elle écoutait tout, et se dépravait, pour ainsi dire, à la surface du cœur. Revenue chez elle, elle rougissait souvent de ce dont elle avait ri, de telle histoire scandaleuse dont les détails l'aidaient à discuter les théories de l'amour qu'elle ne connaissait pas, et les subtiles distinctions de la passion moderne, que de complaisantes hypocrites lui commentaient ; car les femmes, sachant se tout dire entre elles, en perdent plus que n'en corrompent les hommes. Il y eut un moment où elle comprit que la créature aimée était la seule dont la beauté, dont l'esprit pût être universellement reconnu. Que prouve un mari ? Que, jeune fille, une femme était ou richement dotée, ou bien élevée, avait une mère adroite, ou satisfaisait aux ambitions de l'homme ; mais un amant est le constant programme de ses perfections personnelles. Mme de Langeais apprit, jeune encore, qu'une femme pouvait se laisser aimer ostensiblement sans être complice de l'amour, sans l'approuver, sans le contenter autrement que par les plus maigres redevances de l'amour, et plus d'une sainte-n'y-touche lui révéla les moyens de jouer ces dangereuses comédies.

Pour approfondir

Textes et images

La duchesse eut donc sa cour, et le nombre de ceux qui l'adoraient ou la courtisaient fut une garantie de sa vertu. Elle était coquette, aimable, séduisante jusqu'à la fin de la fête, du bal, de la soirée ; puis, le rideau tombé, elle se retrouvait seule, froide, insouciante, et néanmoins revivait le lendemain pour d'autres émotions également superficielles. Il y avait deux ou trois jeunes gens complètement abusés qui l'aimaient véritablement, et dont elle se moquait avec une parfaite insensibilité. Elle se disait : « Je suis aimée, il m'aime ! » Cette certitude lui suffisait. Semblable à l'avare satisfait de savoir que ses caprices peuvent être exaucés ; elle n'allait peut-être même plus jusqu'au désir.

Un soir elle se trouva chez une de ses amies intimes, Mme la vicomtesse de Fontaine, une de ses humbles rivales, qui la haïssaient cordialement et l'accompagnaient toujours : espèce d'amitié armée dont chacun se défie, et où les confidences sont habilement discrètes, quelquefois perfides. Après avoir distribué de petits saluts protecteurs, affectueux ou dédaigneux de l'air naturel à la femme qui connaît toute la valeur de ses sourires, ses yeux tombèrent sur un homme qui lui était complètement inconnu, mais dont la physionomie large et grave la surprit. Elle sentit en le voyant une émotion assez semblable à celle de la peur.

— Ma chère, demanda-t-elle à Mme de Maufrigneuse, quel est ce nouveau venu ?

— Un homme dont vous avez sans doute entendu parler, le marquis de Montriveau.

— Ah ! c'est lui.

Elle prit son lorgnon et l'examina fort impertinemment, comme elle eût fait d'un portrait qui reçoit des regards et n'en rend pas.

— Présentez-le-moi donc, il doit être amusant.

— Personne n'est plus ennuyeux ni plus sombre, ma chère, mais il est à la mode.

❹ Un soir, à l'heure où l'on ne voit plus rien, je fumais, appuyé sur le parapet du quai, lorsqu'une femme, remontant l'escalier qui conduit à la rivière, vint s'asseoir près de moi. Elle avait dans les cheveux un gros bouquet de jasmin, dont les pétales exhalent le soir une odeur enivrante. Elle était simplement, peut-être pauvrement vêtue, tout en noir, comme la plupart des grisettes[1] dans la soirée. Les femmes comme il faut ne portent le noir que le matin ; le soir, elles s'habillent *a la francesa*. En arrivant auprès de moi, ma baigneuse laissa glisser sur les épaules la mantille qui lui couvrait la tête, et, à l'obscure clarté qui tombe des étoiles, je vis qu'elle était petite, jeune, bien faite, et qu'elle avait de très grands yeux. Je jetai mon cigare aussitôt. Elle comprit cette attention d'une politesse toute française, et se hâta de me dire qu'elle aimait beaucoup l'odeur du tabac, et que même elle fumait, quand elle trouvait des *papelitos* bien doux. Par bonheur, j'en avais de tels dans mon étui, et je m'empressai de lui en offrir. Elle daigna en prendre un, et l'alluma à un bout de corde enflammé qu'un enfant nous apporta moyennant un sou. Mêlant nos fumées, nous causâmes si longtemps, la belle baigneuse et moi, que nous nous trouvâmes presque seuls sur le quai. Je crus n'être point indiscret en lui offrant d'aller prendre des glaces à la *neveria*[2]. Après une hésitation modeste elle accepta ; mais avant de se décider, elle désira savoir quelle heure il était. Je fis sonner ma montre, et cette sonnerie parut l'étonner beaucoup. « Quelles inventions on a chez vous, messieurs les étrangers ! De quel pays êtes-vous, monsieur ? Anglais sans doute ?

— Français et votre grand serviteur. Et vous mademoiselle, ou madame, vous êtes probablement de Cordoue ?

— Non.

— Vous êtes du moins andalouse. Il me semble le reconnaître à votre doux parler.

— Si vous remarquez si bien l'accent du monde, vous devez bien deviner qui je suis.

— Je crois que vous êtes du pays de Jésus, à deux pas du paradis.

(J'avais appris cette métaphore, qui désigne l'Andalousie, de mon ami Francisco Sevilla, picador bien connu.)

— Bah ! le paradis... les gens d'ici disent qu'il n'est pas fait pour nous.

— Alors, vous seriez donc Moresque, ou...

Je m'arrêtais, n'osant dire : juive.

---

1. **Grisettes :** jeunes filles de modeste condition.
2. *Neveria :* café disposant d'un endroit où l'on garde aliments et boissons au froid.

— Allons, allons ! vous voyez bien que je suis bohémienne ; voulez-vous que je vous dise la *baji*[1] ? Avez-vous entendu parler de la Carmencita ? C'est moi. »

5 À partir de ce jour il ne fut plus question du duc. Marguerite n'était plus la fille que j'avais connue. Elle évitait tout ce qui aurait pu me rappeler la vie au milieu de laquelle je l'avais rencontrée. Jamais femme, jamais sœur n'eut pour son époux ou pour son frère l'amour et les soins qu'elle avait pour moi. Cette nature maladive était prête à toutes les impressions, accessible à tous les sentiments. Elle avait rompu avec ses amies comme avec ses habitudes, avec son langage comme avec les dépenses d'autrefois.

Quand on nous voyait sortir de la maison pour aller faire une promenade dans un charmant petit bateau que j'avais acheté, on n'eût jamais cru que cette femme vêtue d'une robe blanche, couverte d'un grand chapeau de paille, et portant sur son bras la simple pelisse de soie qui devait la garantir de la fraîcheur de l'eau, était cette Marguerite Gautier qui, quatre mois auparavant, faisait bruit de son luxe et de ses scandales. Hélas ! nous nous hâtions d'être heureux, comme si nous avions deviné que nous ne pouvions pas l'être longtemps. Depuis deux mois nous n'étions même pas allés à Paris. Personne n'était venu nous voir, excepté Prudence, et cette Julie Duprat dont je vous ai parlé, et à qui Marguerite devait remettre plus tard le touchant récit que j'ai là. Je passai des journées entières aux pieds de ma maîtresse. Nous ouvrions les fenêtres qui donnaient sur le jardin, et regardant l'été s'abattre joyeusement dans les fleurs qu'il fait éclore et sous l'ombre des arbres ; nous respirions à côté l'un de l'autre cette vie véritable que ni Marguerite ni moi nous n'avions comprise jusqu'alors. Cette femme avait des étonnements d'enfant pour les moindres choses. Il y avait des jours où elle courait dans le jardin, comme une fille de dix ans, après un papillon ou une demoiselle. Cette courtisane, qui avait fait dépenser en bouquets plus d'argent qu'il n'en faudrait pour faire vivre dans la joie une famille entière, s'asseyait quelquefois sur la pelouse, pendant une heure, pour examiner la simple fleur dont elle portait le nom. Ce fut pendant ce temps-là qu'elle lut si souvent *Manon*

---

1. **La *baji* :** la bonne aventure.

Lescaut. Je la surpris bien des fois annotant ce livre : et elle me disait toujours que lorsqu'une femme aime, elle ne peut pas faire ce que faisait Manon[1].

Deux ou trois fois le duc[2] lui écrivit. Elle reconnut l'écriture et me donna les lettres sans les lire. Quelquefois les termes de ces lettres me faisaient venir les larmes aux yeux. Il avait cru, en fermant sa bourse à Marguerite, la ramener à lui ; mais quand il avait vu l'inutilité de ce moyen, il n'avait pas pu y tenir ; il avait écrit, redemandant, comme autrefois, la permission de revenir, quelles que fussent les conditions mises à ce retour. J'avais donc lu ces lettres pressantes et réitérées[3], et je les avais déchirées, sans dire à Marguerite ce qu'elles contenaient, et sans lui conseiller de revoir le vieillard, quoiqu'un sentiment de pitié pour la douleur du pauvre homme m'y portât ; mais je craignis qu'elle ne vît dans ce conseil le désir, en faisant reprendre au duc ses anciennes visites, de lui faire reprendre les charges de la maison ; je redoutais par-dessus tout qu'elle me crût capable de dénier la responsabilité de sa vie dans toutes les conséquences où son amour pour moi pouvait l'entraîner. Il en résulta que le duc, ne recevant pas de réponse, cessa d'écrire, et que Marguerite et moi nous continuâmes à vivre ensemble sans nous occuper de l'avenir.

---

1. **Manon :** amoureuse du chevalier Des Grieux, Manon se prostitue pourtant pour satisfaire son besoin de luxe.
2. **Le duc :** l'homme riche qui entretenait Marguerite.
3. **Réitérées :** répétées.

6

7

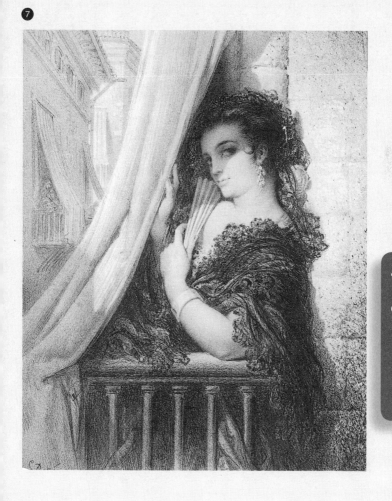

8

Jeanne d'Arc délivre Orléans

938-157

❖ Étude des textes

Savoir lire

1. Qui sont les héroïnes évoquées dans ces textes ? Qui sont les hommes face à elle ?

2. Éclairez le sens des mots « gloire » et « honneur » dans les paroles qu'échangent Chimène et don Rodrigue. À quel défi Chimène doit-elle faire face ?

3. Quel regard Julien Sorel porte-t-il sur Mathilde de La Mole ? Relevez quelques adjectifs révélant le caractère de cette jeune fille.

4. Justifiez l'expression « vie creuse » qu'utilise Balzac pour évoquer l'existence de la duchesse de Langeais. Citez le texte à l'appui de votre réponse.

5. Sur quoi repose le bonheur nouveau de Marguerite Gautier dans le récit de Dumas fils ? Comment transforme-t-il la jeune femme ?

Savoir faire

1. Relevez au moins un exemple d'intervention de l'auteur dans le texte de Stendhal et expliquez son intérêt pour le lecteur.

2. Laquelle de ces héroïnes vous semble la plus moderne ? Expliquez votre point de vue en prenant appui sur ses actions, ses paroles et sa situation.

3. Lisez un résumé de *La Duchesse de Langeais* : quelle aventure — inimaginable pour elle à l'instant de cette conversation — va-t-elle vivre avec le marquis de Montriveau ?

4. Quels traits communs notez-vous entre Vanina Vanini et Mathilde de La Mole telle qu'elle est évoquée ici ?

Pour approfondir

✥ Étude des images

Savoir analyser

1. Par quels détails de la mise en scène, du décor ou du vêtement les documents 6 à 9 affichent-ils la personnalité exceptionnelle des héroïnes ?
2. Dans le document 8, comment se traduit l'héroïsme de Jeanne d'Arc ?
3. Que suggère le regard de la bohémienne présentée dans le document 7 ?
4. À quelle période de la vie de Marguerite Gautier renvoie le document 9 ? Relisez le texte d'Alexandre Dumas fils (doc. 5).

Savoir faire

1. Qui était Mme Récamier ? Comment a-t-elle marqué son temps ?
2. L'actrice Greta Garbo présentée dans le document 9 vous semble-t-elle correspondre au personnage tel qu'il est évoqué dans le récit d'Alexandre Dumas fils ? Expliquez votre point de vue en vous appuyant sur des éléments de la photo.
3. Le document 7 est une lithographie, le document 8 une gravure : quelle différence faites-vous entre ces deux types d'image ?
4. Proposez une légende de registre dramatique qui mettra en valeur le personnage de Jeanne d'Arc tel qu'il apparaît dans le document 8.

Pour approfondir

Textes et images

❖ « Liberté ! Liberté chérie »

C'est au nom de la liberté des peuples qu'éclatent les révolutions, souvent précédées d'actions isolées, de complots audacieux où des combattants de l'ombre, au nom du bien de la patrie, s'attaquent aux tyrans et aux occupants. Comme en témoignent certains textes fameux, la France comme l'Italie sont passées par ces périodes de troubles politiques qui ont débouché sur la victoire de la démocratie et de la république.

Documents :

❶ *La Marseillaise*, chanson de Rouget de Lisle (1792).

❷ Extrait de *Lorenzaccio* (III, 3), drame romantique d'Alfred de Musset (1834).

❸ Extrait des *Misérables* (IV, 2), roman de Victor Hugo (1862).

❹ Extrait de *Quatrevingt-treize*, roman de Victor Hugo (1874).

❺ Exécution à la guillotine, estampe (1799).

❻ *La Liberté guidant le peuple*, huile sur toile de Delacroix (1830).

❼ Portrait de Giuseppe Garibaldi, peinture à l'huile de Girolamo Induno (1861).

❽ La Carmagnole, dessin extrait de *Petite histoire de France*, de Jacques Bainville (1828).

❶

Allons ! Enfants de la Patrie,
Le jour de gloire est arrivé !
Contre nous de la tyrannie,
L'étendard sanglant est levé ! (Bis)
Entendez-vous dans les campagnes
Mugir ces féroces soldats ?
Ils viennent jusque dans vos bras
Égorger vos fils et vos compagnes !

REFRAIN
Aux armes, citoyens,
Formez vos bataillons,
Marchons, marchons !
Qu'un sang impur
Abreuve nos sillons !

Que veut cette horde d'esclaves,
De traîtres, de rois conjurés ?
Pour qui ces ignobles entraves,
Ces fers dès longtemps préparés ? (Bis)
Français, pour nous, ah ! quel outrage !
Quels transports il doit exciter !
C'est nous qu'on ose méditer
De rendre à l'antique esclavage !
Quoi ! des cohortes étrangères
Feraient la loi dans nos foyers !
Quoi ! ces phalanges mercenaires
Terrasseraient nos fiers guerriers ! (Bis)
Dieu ! nos mains seraient enchaînées
Nos fronts sous le joug se ploieraient !
De vils despotes deviendraient
Les maîtres de nos destinées !
Tremblez, tyrans et vous perfides
L'opprobre de tous les partis,
Tremblez ! vos projets parricides
Vont enfin recevoir leurs prix ! (Bis)
Tout est soldat pour vous combattre,
S'ils tombent, nos jeunes héros,
La terre en produit de nouveaux,
Contre vous tout prêts à se battre !
Français, en guerriers magnanimes,
Portez ou retenez vos coups !
Épargnez ces tristes victimes,

À regret s'armant contre nous. (Bis)
Mais ces despotes sanguinaires,
Mais ces complices de Bouillé,
Tous ces tigres qui, sans pitié,
Déchirent le sein de leur mère !
Amour sacré de la Patrie,
Conduis, soutiens nos bras vengeurs !
Liberté ! Liberté chérie,
Combats avec tes défenseurs ! (Bis)
Sous nos drapeaux que la Victoire
Accoure à tes mâles accents,
Que tes ennemis expirants
Voient ton triomphe et notre gloire !
Nous entrerons dans la carrière
Quand nos aînés n'y seront plus,
Nous y trouverons leur poussière
Et la trace de leurs vertus. (Bis)
Bien moins jaloux de leur survivre
Que de partager leur cercueil,
Nous aurons le sublime orgueil
De les venger ou de les suivre.

❷ *Lorenzo est décidé à tuer Alexandre de Médicis, le tyran qui règne sur Florence*

PHILIPPE. Je crois à l'honnêteté des républicains.

LORENZO. Je te fais une gageure[1]. Je vais tuer Alexandre ; une fois mon coup fait, si les républicains se comportent comme ils le doivent, il leur sera facile d'établir une république, la plus belle qui ait jamais fleuri sur la terre. Qu'ils aient pour eux le peuple, et tout est dit. Je te gage que ni eux ni le peuple ne feront rien. Tout ce que je te demande, c'est de ne pas t'en mêler ; parle, si tu le veux, mais prends garde à tes paroles ; et encore plus à tes actions. Laisse-moi faire mon coup ; tu as les mains pures, et moi, je n'ai rien à perdre.

---

1. **Gageure :** pari.

PHILIPPE. Fais-le, et tu verras.

LORENZO. Soit, — mais souviens-toi de ceci. Vois-tu dans cette petite maison cette famille assemblée autour d'une table ? ne dirait-on pas des hommes ? Ils ont un corps, et une âme dans ce corps. Cependant, s'il me prenait envie d'entrer chez eux, tout seul, comme me voilà, et de poignarder leur fils aîné au milieu d'eux, Il n'y aurait pas un couteau de levé sur moi.

PHILIPPE. Tu me fais horreur. Comment le cœur peut-il rester grand avec des mains comme les tiennes ?

LORENZO. Viens, rentrons à ton palais, et tâchons de délivrer tes enfants.

PHILIPPE. Mais pourquoi tueras-tu le duc, si tu as des idées pareilles ?

LORENZO. Pourquoi ? tu le demandes ?

PHILIPPE. Si tu crois que c'est un meurtre inutile à ta patrie, pourquoi le commets-tu ?

LORENZO. Tu me demandes cela en face ? regarde-moi un peu. J'ai été beau, tranquille et vertueux.

PHILIPPE. Quel abîme ! quel abîme tu m'ouvres !

LORENZO. Tu me demandes pourquoi je tue Alexandre ? Veux-tu donc que je m'empoisonne, ou que je saute dans l'Arno[1] ? veux-tu donc que je sois un spectre, et qu'en frappant sur ce squelette *(il frappe sa poitrine)*, il n'en sorte aucun son ? Si je suis l'ombre de moi-même, veux-tu donc que je m'arrache le seul fil qui rattache aujourd'hui mon cœur à quelques fibres de mon cœur d'autrefois ? Songes-tu que ce meurtre, c'est tout ce qui me reste de ma vertu ? Songes-tu que je glisse depuis deux ans sur un rocher taillé à pic, et que ce meurtre est le seul brin d'herbe où j'aie pu cramponner mes ongles ? Crois-tu donc que je n'aie plus d'orgueil, parce que je n'ai plus de honte ? et veux-tu que je laisse mourir en silence l'énigme de ma vie ? Oui, cela est certain, si je pouvais revenir à la vertu, si mon apprentissage du vice pouvait s'évanouir, j'épargnerais peut-être ce conducteur de bœufs. Mais j'aime le vin, le jeu et les filles ;

---

1. **Arno :** fleuve italien qui passe par Florence où se déroule cette scène.

Pour approfondir

comprends-tu cela ? Si tu honores en moi quelque chose, toi qui me parles, c'est mon meurtre que tu honores, peut-être justement parce que tu ne le ferais pas. Voilà assez longtemps, vois-tu, que les républicains me couvrent de boue et d'infamie ; voilà assez longtemps que les oreilles me tintent, et que l'exécration des hommes empoisonne le pain que je mâche ; j'en ai assez de me voir conspué[1] par des lâches sans nom qui m'accablent d'injures pour se dispenser de m'assommer, comme ils le devraient, j'en ai assez d'entendre brailler en plein vent le bavardage humain ; il faut que le monde sache un peu qui je suis et qui il est. Dieu merci, c'est peut-être demain que je tue Alexandre ; dans deux jours j'aurai fini. Ceux qui tournent autour de moi avec des yeux louches, comme autour d'une curiosité monstrueuse apportée d'Amérique, pourront satisfaire leur gosier et vider leur sac à paroles. Que les hommes me comprennent ou non, qu'ils agissent ou n'agissent pas, j'aurai dit tout ce que j'ai à dire ; je leur ferai tailler leurs plumes, si je ne leur fais pas nettoyer leurs piques, et l'humanité gardera sur sa joue le soufflet de mon épée marqué en traits de sang. Qu'ils m'appellent comme ils voudront, Brutus ou Érostrate, il ne me plaît pas qu'ils m'oublient. Ma vie entière est au bout de ma dague[2], et que la Providence retourne ou non la tête en m'entendant frapper, je jette la nature humaine à pile ou face sur la tombe d'Alexandre ; dans deux jours les hommes comparaîtront devant le tribunal de ma volonté.

❸ Il marcha droit à Enjolras, les insurgés s'écartaient devant lui avec une crainte religieuse, il arracha le drapeau à Enjolras qui reculait pétrifié, et alors, sans que personne osât ni l'arrêter ni l'aider, ce vieillard de quatre-vingts ans, la tête branlante, le pied ferme, se mit à gravir lentement l'escalier de pavés pratiqué dans la barricade. Cela était si sombre et si grand que tous autour de lui crièrent : Chapeau bas ! À chaque marche qu'il montait, c'était effrayant, ses cheveux blancs, sa face décrépite, son grand front chauve et ridé,

1. **Conspué :** hué.
2. **Dague :** épée large et courte.

ses yeux caves, sa bouche étonnée et ouverte, son vieux bras levant la bannière rouge, surgissaient de l'ombre et grandissaient dans la clarté sanglante de la torche, et l'on croyait voir le spectre de 93 sortir de terre, le drapeau de la terreur à la main.

Quand il fut au haut de la dernière marche, quand ce fantôme tremblant et terrible, debout sur ce monceau de décombres en présence de douze cents fusils invisibles, se dressa, en face de la mort et comme s'il était plus fort qu'elle, toute la barricade eut dans les ténèbres une figure surnaturelle et colossale.

Il y eut un de ces silences qui ne se font qu'autour des prodiges.

Au milieu de ce silence le vieillard agita le drapeau rouge et cria :

— Vive la révolution ! vive la république ! fraternité ! égalité ! et la mort !

On entendit de la barricade un chuchotement bas et rapide pareil au murmure d'un prêtre pressé qui dépêche une prière. C'était probablement le commissaire de police qui faisait les sommations légales à l'autre bout de la rue.

Puis la même voix éclatante qui avait crié : qui vive ? cria :

— Retirez-vous !

M. Mabeuf, blême, hagard, les prunelles illuminées des lugubres flammes de l'égarement, leva le drapeau au-dessus de son front et répéta :

— Vive la république !

— Feu ! dit la voix.

Une seconde décharge, pareille à une mitraille, s'abattit sur la barricade.

Le vieillard fléchit sur ses genoux, puis se redressa, laissa échapper le drapeau et tomba en arrière à la renverse sur le pavé, comme une planche, tout de son long et les bras en croix.

Des ruisseaux de sang coulèrent de dessous lui. Sa vieille tête, pâle et triste, semblait regarder le ciel.

Une de ces émotions supérieures à l'homme qui font qu'on oublie même de se défendre, saisit les insurgés, et ils s'approchèrent du cadavre avec une épouvante respectueuse.

— Quels hommes que ces régicides ! dit Enjolras.

Pour approfondir

Courfeyrac se pencha à l'oreille d'Enjolras :

— Ceci n'est que pour toi, et je ne veux pas diminuer l'enthousiasme. Mais ce n'était rien moins qu'un régicide. Je l'ai connu. Il s'appelait le père Mabeuf. Je ne sais pas ce qu'il avait aujourd'hui. Mais c'était un brave ganache. Regarde-moi sa tête.

— Tête de ganache[1] et cœur de Brutus, répondit Enjolras.

Puis il éleva la voix :

— Citoyens ! ceci est l'exemple que les vieux donnent aux jeunes. Nous hésitions, il est venu ! nous reculions, il a avancé ! Voilà ce que ceux qui tremblent de vieillesse enseignent à ceux qui tremblent de peur ! Cet aïeul est auguste devant la patrie. Il a eu une longue vie et une magnifique mort ! Maintenant abritons le cadavre, que chacun de nous défende ce vieillard mort comme il défendrait son père vivant, et que sa présence au milieu de nous fasse la barricade imprenable !

❹ Un matin la bataille commença.

Cimourdain dit à Gauvain :

— Où en sommes-nous ?

Gauvain répondit :

— Vous le savez aussi bien que moi. J'ai dispersé les bandes de Lantenac. Il n'a plus avec lui que quelques hommes. Le voilà acculé à la forêt de Fougères. Dans huit jours, il sera cerné.

— Et dans quinze jours ?

— Il sera pris.

— Et puis ?

— Vous avez vu mon affiche ?

— Oui. Eh bien ?

— Il sera fusillé.

— Encore de la clémence. Il faut qu'il soit guillotiné.

— Moi, dit Gauvain, je suis pour la mort militaire.

— Et moi, répliqua Cimourdain, pour la mort révolutionnaire.

Il regarda Gauvain en face et lui dit :

— Pourquoi as-tu fait mettre en liberté ces religieuses du couvent de Saint-Marc-le-Blanc ?

— Je ne fais pas la guerre aux femmes, répondit Gauvain.

---

1. **Ganache :** personne incapable, imbécile.

— Ces femmes-là haïssent le peuple. Et pour la haine une femme vaut dix hommes. Pourquoi as-tu refusé d'envoyer au tribunal révolutionnaire tout ce troupeau de vieux prêtres fanatiques pris à Louvigné ?

— Je ne fais pas la guerre aux vieillards.

— Un vieux prêtre est pire qu'un jeune. La rébellion est plus dangereuse, prêchée par les cheveux blancs. On a foi dans les rides. Pas de fausse pitié, Gauvain. Les régicides sont les libérateurs. Aie l'œil fixé sur la tour du Temple.

— La tour du Temple ! j'en ferais sortir le Dauphin. Je ne fais pas la guerre aux enfants.

L'œil de Cimourdain devint sévère.

— Gauvain, sache qu'il faut faire la guerre à la femme quand elle se nomme Marie-Antoinette, au vieillard quand il se nomme Pie VI, pape, et à l'enfant quand il se nomme Louis Capet.

— Mon maître, je ne suis pas un homme politique.

— Tâche de ne pas être un homme dangereux. Pourquoi, à l'attaque du poste de Cossé, quand le rebelle Jean Treton, acculé et perdu, s'est rué seul, le sabre au poing, contre toute ta colonne, as-tu crié : Ouvrez les rangs. Laissez passer ?

— Parce qu'on ne se met pas à quinze cents pour tuer un homme.

— Pourquoi, à la Cailleterie d'Astillé, quand tu as vu que tes soldats allaient tuer le Vendéen Joseph Bézier, qui était blessé et qui se traînait, as-tu crié : Allez en avant ! J'en fais mon affaire ! et as-tu tiré ton coup de pistolet en l'air ?

— Parce qu'on ne tue pas un homme à terre.

— Et tu as eu tort. Tous deux sont aujourd'hui chefs de bande ; Joseph Bézier, c'est Moustache, et Jean Treton, c'est Jambe-d'Argent. En sauvant ces deux hommes, tu as donné deux ennemis à la République.

— Certes, je voudrais lui faire des amis, et non lui donner des ennemis.

— Pourquoi, après la victoire de Landéan, n'as-tu pas fait fusiller tes trois cents paysans prisonniers ?

— Parce que, Bonchamp ayant fait grâce aux prisonniers républicains, j'ai voulu qu'il fût dit que la République faisait grâce aux prisonniers royalistes.

❺

EGTE AFBEELDING VAN DE GUILLÔTIME TE PARYS.

Pour approfondir

6

❼

⑧

❖ Étude des textes

Savoir lire

1. Quelles idées défend *La Marseillaise* ? Qui sont les ennemis désignés ? Relevez les expressions les plus significatives (document 1).

2. Lorenzo croit-il que la mort d'Alexandre changera la société et les hommes qui l'entourent ? Pourquoi va-t-il tuer le tyran (document 2) ?

3. En vous appuyant sur des détails du récit, justifiez cette expression du narrateur : « c'était effrayant » (document 3).

4. À quels choix d'écriture tient la force dramatique du dialogue entre les deux révolutionnaires Cimourdain et Gauvain, dans le document 4 ?

Savoir faire

1. Dans quelles circonstances historiques la chanson *La Marseillaise* a-t-elle été créée ? Quel symbole représente-t-elle pour la France ?

2. Lorenzo évoque « une république, la plus belle qui ait jamais fleuri sur la terre » : dans une rédaction où vous laisserez parler votre imagination tout en vous inspirant du monde dans lequel nous vivons, décrivez cette république idéale : qui la gouverne ? comment le bonheur de chacun est-il assuré ?

3. Quelles sont les deux révolutions qui ont changé la France et la Russie ? Donnez leurs dates et citez les grandes figures révolutionnaires qui ont marqué ces deux pays.

4. Gauvain déclare « Je ne fais pas la guerre aux femmes », puis « Je ne fais pas la guerre aux vieillards », enfin « Je ne fais pas la guerre aux enfants » : d'après vous, la révolution au nom de la liberté des peuples justifie-t-elle que l'on tue des innocents ? Donnez des arguments d'ordre moral et historique à l'appui de vos explications.

Pour approfondir

✦ Étude des images

Savoir analyser

1. Décrivez le document 5 : quels en sont les éléments les plus glaçants ?
2. Observez la composition du document 6 : par quels détails de la mise en scène le peintre suggère-t-il l'enthousiasme révolutionnaire ?
3. Relevez les symboles de la lutte révolutionnaire dans le tableau qui représente Giuseppe Garibaldi (document 7).
4. Comment la violence révolutionnaire est-elle exposée dans la gravure tirée du livre de Jacques Bainville (document 8) ? Quelle réaction éveille-t-elle ?

Savoir faire

1. Laquelle de ces images, selon vous, illustre le mieux le texte de *La Marseillaise* ? Justifiez votre point de vue en comparant les éléments significatifs de la chanson et de l'image.
2. Laquelle de ces images symbolise le mieux la lutte pour la liberté ? Pourquoi ?
3. Selon vous, doit-on montrer avec réalisme les violences liées au combat révolutionnaire ou à la guerre comme le font les images 5 et 8 ? Quels sont les avantages et les dangers de telles représentations ?

Pour approfondir

Vers le brevet

Sujet 1 : *Vanina Vanini*, du début à
« son mépris pour les Romains », p. 24.

Questions

I. Un bal somptueux

1. « Tout Rome était en mouvement : M. le duc de B***, ce fameux banquier, donnait un bal »

   a) Quelle est la valeur du deux-points entre les deux parties de phrase ?

   b) Quel effet produit ce choix de ponctuation sur le rythme du récit ?

2. « Les beautés blondes et réservées de la noble Angleterre »

   a) Expliquez l'emploi du mot « beauté » dans cette phrase.

   b) Remplacez ce mot par un terme ou une expression de même sens.

3. « La magnificence de ce bal »

   a) Sur quel aspect du bal insiste le mot « magnificence » ?

   b) Proposez un verbe de la même famille et utilisez-le dans une phrase qui fera ressortir son sens.

4. « Son père, le prince don Asdrubale Vanini, avait voulu qu'elle dansât d'abord avec deux ou trois souverains d'Allemagne »

   a) Précisez le temps et le mode du verbe « danser ».

   b) Justifiez cette forme en rappelant la règle de concordance des temps d'un récit au passé.

   c) Comment le lecteur d'aujourd'hui perçoit-il cette forme verbale ?

5. « Un jeune carbonaro, détenu au fort Saint-Ange, venait de se sauver [...] et on espérait le ravoir ».

   a) Combien de propositions composent cette phrase ?

b) Quel type de construction l'auteur privilégie-t-il ?

II. L'aristocratie romaine

1. « Les fêtes d'aucun des rois de l'Europe, disaient-ils, n'approchent point de ceci »

   a) Transformez cette phrase au style indirect en veillant à la correction grammaticale.

   b) Dites laquelle des deux constructions est la plus expressive et pourquoi.

2. « Les rois n'ont pas un palais d'architecture romaine » ; « Vanina Vanini, cette jeune fille aux cheveux noirs et à l'œil de feu, fut proclamée la reine du bal »

   a) Comparez l'emploi des termes « rois » et « reine » dans ces deux phrases.

   b) Sur quel aspect de la soirée insistent-ils ?

3. « Le prince don Asdrubale s'approcha de sa fille. C'est un homme riche qui... »

   a) Comment s'appelle le temps utilisé dans la deuxième phrase du portrait du prince ?

   b) Précisez l'effet produit par cet emploi dans un récit au passé simple.

4. « Si vous le rencontrez dans la rue, vous le prendrez pour un vieux comédien »

   a) Faites l'analyse logique de cette phrase.

   b) Transformez la phrase au conditionnel.

III. Une jeune fille à marier

1. Sur quelle figure de style est construite l'expression « ses cheveux d'ébène » ?

   a) En fait, de quelle couleur sont les cheveux de la jeune fille ?

   b) Que cherche à suggérer l'auteur en choisissant le mot « ébène » de préférence à tout autre pour évoquer la chevelure de la jeune princesse ?

2. « Vanina Vanini, cette jeune fille aux cheveux noirs et à l'œil de feu, fut proclamée la reine du bal ».

   a) Ajoutez à cette phrase de construction passive un complément d'agent.

   b) Transformez la phrase ainsi complétée en construction active.

3. « Comme on racontait cette anecdote »

   a) Précisez la nature grammaticale et la valeur de « comme ».

   b) Remplacez ce terme par un équivalent de même sens.

   c) Utilisez « comme » dans une phrase complexe où il aura une autre valeur que vous préciserez.

4. « C'était le jeune homme le plus brillant de Rome », « Elle a déjà dix-neuf ans, et a refusé les partis les plus brillants »

   a) Définissez l'adjectif « brillant » dans ces deux phrases.

   b) Remplacez-le par deux termes synonymes.

   c) Sur quel aspect du caractère de Vanina et de Livio insiste la reprise de ce terme ?

Réécriture

« Comme on racontait cette anecdote, don Livio Savelli, ébloui des grâces et des succès de Vanina, avec laquelle il venait de danser, lui disait en la reconduisant à sa place, et presque fou d'amour :

— Mais, de grâce, qui donc pourrait vous plaire ?

— Ce jeune carbonaro qui vient de s'échapper, lui répondit Vanina ; au moins celui-là a fait quelque chose de plus que de se donner la peine de naître. »

Transformez ce passage au style indirect. Vous apporterez les changements nécessaires à sa correction grammaticale.

Rédaction

« Les beautés blondes et réservées de la noble Angleterre avaient
brigué l'honneur d'assister à ce bal ; elles arrivaient en foule. »
Mettez en scène l'entrée des jeunes filles dans la salle de bal. Votre
récit inclura une série de brefs portraits et une description des lieux
qui donneront à voir au lecteur la magnificence de cette réception
aristocratique.

Petite méthode pour la rédaction

- Les jeunes filles arrivent « en foule » : il faudra montrer le
  mouvement, la mobilité des jeunes filles qui, dans un flot
  ininterrompu, entrent dans la salle de bal.

- Choisissez un point de vue : externe si le narrateur est un œil
  objectif, interne si la scène est montrée à partir du regard
  d'un personnage, omniscient si le narrateur révèle les
  pensées et les émotions des jeunes filles.

- Un « bref portrait » est comme une esquisse : il met en
  évidence une silhouette ou un détail singulier du physique ou
  de la toilette.

- Avant de rédiger, réunissez une liste de verbes de
  mouvement et un champ lexical du luxe.

Vers le brevet

Sujet 2 : Texte 3, p.102, *Les Misérables*, Victor Hugo

Questions

I. La révolution mise en scène

1. « Les insurgés »

   a) Donnez la définition du terme « insurgé ».

   b) Proposez un nom, un verbe et un adjectif appartenant à la même famille.

   c) À quel champ lexical appartiennent ces mots ?

2. « Cela était si sombre et si grand que tous autour de lui crièrent : 'Chapeau bas !' »

   a) Que remplace le pronom « cela » ?

   b) Faites l'analyse logique de la subordonnée.

3. « Citoyens ! ceci est l'exemple que les vieux donnent aux jeunes »

   a) Qu'est-ce qu'un citoyen ?

   b) Que désigne-t-on par « citoyenneté » ?

   c) Utilisez ces deux termes dans deux exemples significatifs.

4. « Le vieillard fléchit sur ses genoux, puis se redressa, laissa échapper le drapeau et tomba en arrière à la renverse sur le pavé, comme une planche, tout de son long et les bras en croix »

   a) Identifiez les propositions qui composent cette phrase.

   b) Par quel choix d'écriture (type et longueur des phrases, figures de style…) Victor Hugo donne-t-il à cette scène une dimension spectaculaire ?

5. « Une de ces émotions supérieures à l'homme qui font qu'on oublie même de se défendre, saisit les insurgés, et ils s'approchèrent du cadavre avec une épouvante respectueuse »

a) Justifiez l'emploi du présent dans la phrase.

b) Qui parle ? à qui ? Quelle pensée est ainsi exprimée ?

II. Un héros de quatre-vingts-dix ans

1. « Chapeau bas ! »

   a) Quel sentiment traduit cette expression ?

   b) Proposez une expression de sens équivalent.

2. « M. Mabeuf, blême, hagard »

   a) Donnez la définition des deux adjectifs.

   b) Quelle fonction occupent-ils dans la phrase ?

   c) Comment leurs sens se complètent-ils ? Quelle image en ressort ?

3. « Quels hommes que ces régicides ! dit Enjolras »

   a) Donnez la définition du nom « régicide ».

   b) Décomposez-le en précisant le sens de ses différents composants.

   c) Proposez un autre nom de la langue française construit avec le même suffixe. Utilisez ce mot dans une phrase expressive.

4. « Cet aïeul est auguste devant la patrie »

   a) Que signifie l'adjectif « auguste » ?

   b) Proposez un terme synonyme qui fera également l'éloge du vieillard.

5. Le héros est tantôt désigné comme un « vieillard », tantôt comme un « aïeul » : quelle nuance percevez-vous entre ces deux termes ?

III. Un récit dramatique et épique

1. « Quand il fut au haut de la dernière marche [...] toute la barricade eut dans les ténèbres une figure surnaturelle et colossale »

   a) Identifiez et analysez les propositions subordonnées.

   b) Repérez la proposition principale. Où se trouve-t-elle dans la phrase ?

   c) Quel mot met en valeur cette construction ?

Vers le brevet

d) Citez les termes de registre épique en expliquant votre classification.

2. « On entendit de la barricade un chuchotement bas et rapide pareil au murmure d'un prêtre pressé qui dépêche une prière »

   a) Relevez les termes appartenant au champ lexical de la religion.

   b) Qu'annoncent-ils subtilement ?

3. « Des ruisseaux de sang coulèrent de dessous lui »

   a) Quelle figure de style utilise Hugo dans cette phrase ?

   b) Quelle image veut-il créer ?

   c) À quel registre appartient cette image ?

4. « Citoyens ! ceci est l'exemple que les vieux donnent aux jeunes. Nous hésitions, il est venu ! nous reculions, il a avancé ! »

   a) Identifiez la figure de style qui donne à ce passage sa force dramatique.

   b) Précisez la valeur du point d'exclamation.

Réécriture

1. « Il y eut un de ces silences qui ne se font qu'autour des prodiges. »

Réécrivez cette phrase complexe sous la forme d'une phrase simple où « il y eut » sera remplacé par un verbe expressif.

2. « Ceci n'est que pour toi, et je ne veux pas diminuer l'enthousiasme. »

Sans changer le sens, réécrivez cette phrase en remplaçant le pronom démonstratif « ceci » par un mot plus significatif.

Rédaction

Les quelques insurgés abrités derrière la barricade font face à
« douze cents fusils invisibles ». Donnez une suite à cet extrait en
racontant, sur un registre dramatique et épique, l'assaut des forces
de l'ordre sur les révolutionnaires.

Petite méthode pour la rédaction

- Pour enchaîner votre rédaction au texte de Victor Hugo,
  vous devez tenir compte des éléments qui précèdent :
  la situation périlleuse des personnages, la barricade qui
  sépare les révolutionnaires des soldats, la détermination des
  insurgés.

- Le registre dramatique vous incite à privilégier l'action dans
  votre récit tout en cultivant le suspense et en ménageant des
  coups de théâtre, des effets de surprise.

- Le registre épique vous suggère de multiplier les effets
  de grossissement en utilisant des images fortes, des
  contrastes puissants, des accumulations, des antithèses, des
  comparaisons et des métaphores saisissantes.

❖ Autres sujets d'entraînement

Sujet 1 : *Vanina Vanini*, de « Il y eut encore un silence » à « elle vient d'épouser le prince don Livio Savelli », p. 58-60.

1. « Mariez-vous sagement à l'homme de mérite que votre père vous destine »

   a) Qu'est-ce qu'« un homme de mérite » dans la langue du XIXe siècle ?

   b) Quelle expression utiliserait-on aujourd'hui pour exprimer la même idée ?

2. « Cette somme vous sera fidèlement payée en biens nationaux »

   a) Que désigne Missirilli dans l'expression « biens nationaux » ?

   b) À quel champ lexical appartient-elle ?

   c) Trouvez dans le texte au moins deux autres termes empruntés au même champ lexical et justifiez l'emploi de ce vocabulaire dans cette scène.

3. « Vous avez avancé une somme considérable pour le service de la patrie ; si jamais elle est délivrée de ses tyrans, cette somme vous sera fidèlement payée en biens nationaux » : transformez la construction passive en construction active en apportant à la phrase les aménagements nécessaires, sans changer son sens.

4. « Sans répondre à Missirilli, elle les lui offrit »

   a) Donnez la nature et la fonction de « les » et de « lui ».

   b) Substituez-leur les mots qu'ils remplacent.

   c) Que pouvez-vous en déduire sur l'utilité de « les » et « lui » ?

5. « Vanina était atterrée », « Vanina resta anéantie »

   a) En vous fondant sur leur radical, comparez les deux adjectifs en montrant lequel des deux a le sens le plus fort.

b) Utilisez ces deux adjectifs dans deux phrases de registre dramatique.

6. « Il y serait parvenu sans le geôlier qui accourut aux premiers cris. Il saisit Missirilli »

   a) En gardant la proposition subordonnée, transformez ce passage en une seule phrase.

   b) Laquelle des deux constructions est plus dramatique ? Pourquoi ?

Sujet 2 : *Le Rouge et le Noir*, Stendhal, texte 2, p. 85.

---

1. « Toutefois, agité par la plus extrême curiosité, il étudiait l'expression des traits de Mathilde ; il ne put pas se dissimuler qu'elle avait l'air sec et méchant »

   a) Au plus près de la phrase d'origine, transformez ce passage en introduisant une proposition subordonnée de cause et une subordonnée de conséquence.

   b) Laquelle des deux constructions est la plus vive ?

2. « Le lendemain, le surlendemain, même froideur de sa part »

   a) Identifiez la construction de cette phrase.

   b) Justifiez ce choix d'écriture par l'effet que l'auteur veut produire.

3. « Très utile aux intérêts de sa caste »

   a) Donnez la définition du mot « caste » dans cette phrase.

   b) Ce terme peut-il être utilisé dans son sens propre, pour décrire la société dans laquelle nous vivons ?

4. « Mais, se disait-il dans d'autres instants, il faut avouer qu'il n'y a rien de naïf, de simple, de tendre dans toute sa manière d'être ; jamais je ne l'ai vue plus altière. Me mépriserait-elle ? »

a) En vous fondant sur cet exemple, donnez la définition du monologue intérieur.

b) Pourquoi Stendhal choisit-il ici ce mode d'expression ?

5. « Julien, rempli de ses préjugés puisés dans les livres et dans les souvenirs de Verrières »

a) Qu'est-ce qu'un « préjugé » ?

b) Quelle différence faites-vous entre un « préjugé » et une « idée » ?

c) Utilisez ces deux mots dans deux phrases qui feront ressortir leur différence de sens.

6. « Jamais Mathilde n'avait eu d'amant, et, dans cette circonstance de la vie qui donne quelques illusions tendres même aux âmes les plus sèches, elle était en proie aux réflexions les plus amères »

a) Qui intervient dans ce passage ? relevez un indice grammatical.

b) Quelle idée est ainsi introduite ?

c) Quelle information donne-t-elle sur Mathilde de La Mole ?

Outils de lecture

Action : suite des événements qui constituent l'intrigue.

Argumentation : énoncé par lequel on tente de persuader ou de convaincre le destinataire.

Chronique : recueil de faits historiques regroupés par époques et présentés selon un ordre chronologique.

Commentaire : parole du narrateur qui rompt la narration pour exprimer son point de vue personnel sur un personnage ou sur l'action.

Dénouement : conclusion d'une intrigue.

Description : énoncé qui précise les caractéristiques d'une personne, d'un objet ou d'un lieu ; qui crée un décor ou une atmosphère.

Discours : énoncé par lequel le narrateur commente l'action ou exprime une idée personnelle. Le discours s'oppose au « récit » qui rapporte des événements.

Discours direct : paroles insérées dans un récit et rapportées telles qu'elles sont prononcées.

Durée de l'histoire : période sur laquelle se déroule l'action.

Fiction : création imaginaire. S'oppose à la réalité.

Figure de style : procédé d'expression qui permet d'évoquer une situation ou un personnage sous une forme expressive. Ex. : antithèse, comparaison, métaphore.

Héros : personnage principal d'un roman ; il domine l'action.

Histoire : événements et aventures qui constituent la matière d'un récit.

Intérêt dramatique : intérêt que peut éveiller l'action chez le lecteur.

Intrigue : enchaînement des faits dans un récit.

Métaphore : représentation d'un être, d'un objet ou d'un événement par un terme suggestif.

Monologue intérieur : procédé d'écriture qui consiste à faire entrer le lecteur dans la pensée d'un personnage.

Narrateur : dans le récit, celui qui raconte l'histoire.

Narration (ou discours narratif) : discours qui rapporte des événements par la voix d'un narrateur.

Outils de lecture

Nœud de l'action : moment-clé de l'action, sommet dramatique.

Nouvelle : récit bref qui met en scène un nombre restreint de personnages fortement caractérisés, dans un cadre spatio-temporel limité. Privilégie les scènes et les épisodes-clés ; fait l'économie des préparatifs et des transitions.

Paroles rapportées : paroles insérées dans un récit. Discours direct : paroles rapportées telles qu'elles sont prononcées. Discours indirect : paroles insérées dans une proposition subordonnée complétive. Discours indirect libre : discours indirect qui supprime la subordination.

Péripétie : événement imprévu dans le cours d'une action dramatique.

Point de vue ou focalisation : dans le récit, foyer à partir duquel est perçu un personnage ou une situation.

Point de vue interne ou focalisation interne : présentation du monde à travers la perception subjective d'un personnage.

Point de vue omniscient ou focalisation zéro : le narrateur sait tout de ses personnages : leur passé, leurs pensées, leurs sentiments, leurs projets.

Point de vue externe ou focalisation externe : présentation du monde à partir d'une perception neutre et objective.

Réalisme : courant littéraire qui montre la réalité sous une forme concrète, à partir de petits faits vrais, avec une précision souvent brutale.

Registre dramatique : mode d'expression par lequel on cherche à éveiller des sentiments puissants (peur, surprise) en utilisant des techniques comme le coup de théâtre.

Rythme de la narration : progression du récit. L'ellipse temporelle consiste à passer sous silence une période ; le résumé ou sommaire résume brièvement une période ; la scène développe un épisode ; la pause interrompt la narration à la faveur d'une description, d'un commentaire ou de paroles rapportées.

Temps de l'écriture : moment où l'auteur rédige son œuvre.

Bibliographie et filmographie

Éditions des *Chroniques italiennes*

Stendhal. Romans et nouvelles, Gallimard, collection la Pléiade, 1948

> ▶ Une introduction et des commentaires par Henri Martineau, grand spécialiste de Stendhal. Précise les conditions d'écriture et de publication.

Chroniques italiennes, Gallimard et Librairie générale française, 1964

> ▶ Une introduction qui éclaire la notion de « chronique » et qui met en évidence les liens entre les nouvelles et les romans de Stendhal.

Chroniques italiennes, Gallimard, collection Folio classique, 1973

> ▶ Avec une préface très éclairante de Dominique Fernandez.

Quelques romans de Stendhal

Le Rouge et le Noir, 1830, Petits Classiques Larousse, 2008

> ▶ Œuvre majeure du roman français parue peu après *Vanina Vanini*. Met en scène Julien Sorel, jeune homme supérieur et ambitieux, d'origine modeste, successivement amoureux de la douce Mme de Rênal et de l'impérieuse Mathilde de La Mole. Excellent appareil critique.

La Chartreuse de Parme, 1839, Garnier, 1944

> ▶ Roman célébré comme une œuvre remarquable dans un article élogieux de Balzac. Raconte les amours de Fabrice del Dongo et de Clélia Conti sur fond de complots politiques en Italie. Avec une riche introduction, des notes et variantes, et un appareil critique d'Henri Martineau.

Quelques nouvelles du XIXe siècle

La Vénus d'Ille, Prosper Mérimée, 1837, Petits Classiques Larousse, 2007

> ▶ Nouvelle fantastique et dramatique qui met en scène un crime mystérieux.

Colomba, Prosper Mérimée, 1840, Petits Classiques Larousse, 2008

> ▶ Nouvelle réaliste et dramatique. Histoire d'une vengeance dans la Corse traditionnelle.

Bibliographie et filmographie

Carmen, Prosper Mérimée, 1845, Petits Classiques Larousse, 2008

▶ Nouvelle réaliste et dramatique. Récit d'une passion fatale entre un jeune brigadier et une bohémienne.

Boule de suif, Guy de Maupassant, 1880, Petits Classiques Larousse, 2007

▶ Nouvelle réaliste et dramatique qui évoque la guerre de 1870 à travers le personnage d'une prostituée dévouée à la cause nationale.

Le Horla, Guy de Maupassant, 1887, Petits Classiques Larousse, 2008

▶ Nouvelle fantastique qui pose le problème de la folie.

Films

Vanina, de Arthur von Gerlach, Allemagne, 1922

▶ Version qui s'écarte de l'intrigue d'origine pour devenir une étude du sadisme chez les puissants.

Vanina Vanini, de Roberto Rossellini, France-Italie, 1961

▶ Avec Sandra Milo et Laurent Terzieff. Version qui s'intéresse moins à la passion amoureuse qu'à la Rome pontificale lui servant de décor.

Le Rouge et le Noir, de Claude Autant-Lara, France, 1954

▶ Avec Gérard Philipe (Julien Sorel) et Danielle Darrieux (Mme de Rênal). Belle version classique du roman, en noir et blanc.

La Chartreuse de Parme, de Christian-Jaque, France-Italie, 1948

▶ Avec Gérard Philipe (Fabrice), Renée Faure (Clélia) et Maria Casarès (duchesse Sanseverina). Film en noir et blanc qui retrace admirablement les moments forts de l'intrigue.

Site Internet

www. armance.com

▶ Site parfaitement actualisé, qui informe sur les événements, conférences et publications consacrés à Stendhal.

Crédits photographiques

Photocomposition : JOUVE Saran
Impression : Rotolito Lombarda (Italie)
Dépôt légal : février 2012 - 307891
N° Projet : 11016300 – février 2012